Schritt für Schritt

KONIFEREN
UND HEIDEGEWÄCHSE

Schritt für Schritt

KONIFEREN UND HEIDEGEWÄCHSE

Text von
Sue Phillips

Fotos von
Neil Sutherland

KARL MÜLLER VERLAG

Titel der Originalausgabe: A Creative Step-By-Step Guide To Heathers and Conifers
Übertragung aus dem Englischen: Susanne Pirner
Lektorat: Angelika Scheulen

1 2 3 4 5 02 01 00 99 98

Die Autorin
Sue Phillips wurde schon mit vier Jahren von ihrem Großvater an die Gartenarbeit herangeführt. In ihrem ersten Gewächshaus säte und züchtete sie bereits mit elf Jahren Kakteen und andere Pflanzenarten. Nach ihrem Schulabschluss arbeitete sie für ein Jahr in einem Gartenbaubetrieb. Danach studierte sie Gartenbau am Hadlow College für Landwirtschaft und Gartenbau in Kent. Fünf Jahre lang war sie Mitbesitzerin und Geschäftsführerin einer Baumschule in Cambridgeshire, bevor sie zu einer Gesellschaft für Gartenprodukte wechselte. Dort beantwortete sie unter anderem Fragen über Gärten und Gartenarbeit, nahm die Beschwerden entgegen, schrieb Veröffentlichungen und Presseberichte, hielt Vorträge auf Gartenbauveranstaltungen und gestaltete Beiträge für lokale Radiosender. Seit 1984 ist Sue Phillips freiberuflich tätig, veröffentlicht regelmäßig Artikel in Zeitschriften und Gartenbaumagazinen, hat viele Auftritte in Rundfunk und Fernsehen und ist Autorin mehrerer Bücher.

Der Fotograf
Neil Sutherland arbeitet seit über 25 Jahren als Fotograf. Im Laufe der Jahre beschäftigte er sich erfolgreich mit Stillleben, Portraits, Reportagen, Naturgeschichte, Kochen, Landschaft und Verkehr. Seine Bilder werden in zahllosen Büchern und Magazinen in der ganzen Welt veröffentlicht.

Schmutztitel: Chamaecyparis lawsoniana *'Minima Aurea'*.
Titelseite: *Gestaltung eines kleinen Troggartens mit Zwergnadelbäumen und Steingartengewächsen.*
Rechts: *Ein Polster aus* Erica carnea *'Springwood Pink' und einer kriechenden Fichte mit Raureif überzogen.*

INHALT

Klassische Pflanzen für den modernen Garten

Nadelbäume sind sehr ursprüngliche Pflanzen. Sie wuchsen auf der Erde schon vor etwa 150 Millionen Jahren, lange bevor sich die Blütenpflanzen entwickelten, die zur Bestäubung ihrer prächtigen Blüten auf Insekten angewiesen sind. Nadelbäume haben in der Regel unscheinbare Blüten und werden vom Wind bestäubt. Koniferen, so der Sammelbegriff der Nadelbäume, sind fast auf der ganzen Welt verbreitet. Nur im Regenwald und in der Wüste kommen sie nicht vor. Es gibt Arten, die an heißes, trockenes Klima angepasst sind und solche, die sich auf extreme Kälte oder nasse Standorte spezialisiert haben. In freier Natur handelt es sich meist um große Bäume. Nichtsdestotrotz erscheinen heutzutage immer mehr Neuzüchtungen von Zwergformen in Baumschulen und Gartencentern, die sich sehr schön in Gärten einsetzen lassen. Nadelbäume treten an ihren natürlichen Standorten oft mit Heidekraut auf, beide Pflanzengruppen benötigen ähnliche Bedingungen im Garten. Seit einigen Jahren werden sie in Gärten gerne zu pflegeleichten Arrangements zusammengestellt, die das ganze Jahr über schön aussehen. Inzwischen findet man Koniferen-Heide-Gärten in aller Welt. Eine Modeerscheinung hat sich durchgesetzt.

Links: *Üppiges Heidekraut und Nadelbäume, wunderbar aufeinander abgestimmt.*

Oben: *Die Farben der Heide reichen von Weiß bis Purpur.*

Nadelbäume pflanzen

Die Pflege von Nadelbäumen beschränkt sich auf ein Minimum, wenn sie einmal gut angewachsen sind. Aber beim Pflanzen und bis zum Einwurzeln sollte man große Sorgfalt walten lassen. Rauer, austrocknender Wind oder zu trockener Boden lassen neu gepflanzte Koniferen oft verdörren. Die Nadeln der jungen Pflanzen werden dann braun und schlimmstenfalls fallen sie ab. Wenn kein frisches Grün nachtreibt, sterben die Bäumchen ab. Beim Setzen von Nadelbäumen sollte deshalb darauf geachtet werden, dass der Boden sehr sorgfältig vorbereitet wird. Er darf nicht zu nass sein, muss aber die Feuchtigkeit speichern können. Koniferen, wie auch alle anderen immergrünen Gewächse, pflanzt man am besten im Frühjahr oder im Spätherbst. Topf- und Ballenpflanzen können, wenn der Boden in Ordnung ist, während des ganzen Jahres gesetzt werden. Ausnahmen sind hierbei allerdings sehr heißes und trockenes Wetter. Obwohl Nadelbäume oft als Windschutzhecken verwendet werden, müssen sie gut angewachsen sein, bevor sie dem trocknenden Wind ausgesetzt werden dürfen. Sie sollten anfangs mit einem Windschutz umgeben werden. Düngen ist nach dem Einpflanzen nicht so wichtig. Wenn die Bäume den ersten Winter überstanden haben, kann man sie leicht düngen. Man kann herkömmliche Pflanzendünger oder ein Spezialprodukt für Nadelbäume verwenden und sollte die Pflanze anschließend gut wässern.

1 Gut verrottetes organisches Material, z. B. Gartenkompost oder Mist, wird in den Boden des ganzen Beetes eingearbeitet. Das Pflanzloch sollte etwas größer als der Wurzelballen der Pflanze sein.

2 Der Nadelbaum wird aus dem Topf genommen und im Pflanzloch versenkt. Die Wurzeln muss man nur auflockern, wenn sie sehr eng in den Topf gepresst waren. Der Baum sollte gerade stehen und mit der schönsten Seite nach vorn zeigen.

Vor dem Einpflanzen werden Unkraut, Wurzeln und dicke Erdklumpen aus dem Pflanzloch entfernt. Ein sorgfältig vorbereiteter Boden garantiert, dass der Nadelbaum gut gedeiht.

3 Beim Verteilen der vorbereiteten Erde rund um den Wurzelballen muss man darauf achten, dass das Bäumchen nicht zu tief eingepflanzt wird. Der Wurzelballen wird oben nur leicht mit Erde bedeckt.

4 Ist der Wurzelballen sehr trocken, sollte er vor dem Einpflanzen gewässert werden. Man stellt ihn eine Stunde in einen Eimer Wasser, bis keine Luftblasen mehr aufsteigen. Nach dem Pflanzen wird kräftig gegossen.

5 Damit der Boden die Feuchtigkeit halten kann, wird eine dicke Schicht Rindenmulch darüber verteilt. Wenn die Erde austrocknet, werden frisch gepflanzte Nadelbäume braun und erholen sich meist nicht mehr.

6 In exponierten Lagen können die frisch gesetzten Bäume durch einen Windschutz vor dem Austrocknen bewahrt werden. Rauer Wind kann ihnen dann nichts anhaben.

Der Windschutz kann aus perforierter Plastikfolie, Sackleinen, dichten Textilien oder Holzlamellen bestehen.

7 Besonders im Herbst, wenn es recht windig ist, sind die Bäumchen gefährdet. Der Windschutz muss deshalb gut befestigt werden.

***Oben:** Die pflegeleichte Rabatte aus Heidekraut und Nadelbäumen zeigt je nach Jahreszeit immer wieder ein neues Gesicht.*

Pflegemaßnahmen

Vorausgesetzt, man hat gesunde Pflanzen gekauft, den Boden, wo es nötig war, mit organischem Material und/oder Sand aufbereitet und die Pflanzen sofort nach dem Einsetzen vor Wind und Trockenheit geschützt, gedeihen Heidekraut und Nadelbäume fast von alleine. Die Pflegemaßnahmen beschränken sich auf ein Minimum. Wie in jedem Garten reicht es aus, das Unkraut zu jäten, in Trockenperioden zu gießen und gelegentlich zu düngen. Unkraut wird am besten mit der Hand gejätet, damit man die oberflächennahen Wurzeln nicht verletzt, die bei Heidekraut und Nadelbäumen, zum Teil auch bei den Zwergformen, weit verbreitet sind. Sorgfältiges Jäten ist deshalb wichtig, weil die meisten Nadelbaum- und Heidearten direktes Sonnenlicht brauchen. Eine wuchernde Unkrautdecke hält bald das Licht ab und lässt die Stängel und Zweige verkümmern. Wenn man das Unkraut klein hält, kann es in Trockenperioden auch nicht um das Wasser der Heidekraut und Koniferen konkurrieren.

Im Frühjahr werden die Heide- und Nadelbaumbeete gejätet und mit gut verrottetem organischen Material, z. B. Gartenkompost, 2,5–5 cm dick gemulcht, damit die natürliche Feuchtigkeit im Boden erhalten bleibt. Dadurch wird auch das Auskeimen der Unkrautsamen unterdrückt. Die besten Ergebnisse erzielt man, wenn der Mulch nach dem Düngen im Frühjahr ausgebracht wird. Auf diese Weise wird genügend Feuchtigkeit im Boden gespeichert, so dass sich das Düngepulver auflösen kann und für die Pflanzen zur Verfügung steht. (Im Sommer, wenn der Boden trocken ist, verwendet man besser Flüssigdünger.) Besonders bei rot- und gelbblättrigen Arten sollte man ein Spezialmittel mit vielen Spurenelementen oder einen flüssigen Meeresalgendünger nehmen, damit sich die Farbstoffe in den Blättern und Nadeln voll entwickeln.

Nadelbäume müssen normalerweise nicht geschnitten werden. Bei Hecken und Zierelementen erfolgt der Schnitt ein bis zweimal pro Jahr. Spezielle Arten, besonders kriechende Formen, müssen regelmäßig kontrolliert werden, da sie bisweilen steil emporstrebende Triebe bekommen.

1 Wählen Sie beim Kauf eine Pflanze, die keine braunen Nadeln hat. Egal, ob Garten- oder Kübelpflanze, zunächst müssen einige Punkte überprüft werden.

2 Moos oder anderer Aufwuchs rund um das Bäumchen deutet darauf hin, dass sich die Pflanze schon sehr lange im selben Topf befindet. Eventuell muss sie gedüngt werden.

So wird der Wurzelballen getränkt

1 Ist die Pflanze sehr trocken, fühlt sich der Topf leicht an. Der Wurzelballen muss vor dem Einpflanzen getränkt werden.

2 In einem Eimer wird die Pflanze mitsamt dem Topf unter Wasser gesetzt, so lange, bis keine Luftblasen mehr aufsteigen.

3 Mit einer alten Gabel lassen sich Moos und anderer Aufwuchs gut entfernen. Ist die Oberfläche sehr hart, lockert man sie mit den Gabelzinken auf.

Während der Wachstumsperiode düngt man regelmäßig mit löslichem Dünger für Säure liebende Pflanzen.

Eisenhaltiges Granulat liefert Eisen, das leicht von den Pflanzen aufgenommen werden kann. Erika-Arten brauchen Eisen, damit ihre Blätter nicht gelb werden, besonders bei kalkhaltigen Böden, die Eisen chemisch binden.

4 Einige Wurzeln sollten aus dem Ballen herausgelöst werden. Sie dürfen dabei nicht abgebrochen oder verletzt werden.

5 Vor dem Einpflanzen werden einige dickere Wurzeln vorsichtig aus dem Ballen herausgezogen, die sich im Boden in alle Richtungen ausbreiten.

Der richtige Dünger für Erika-Arten

Es gibt verschiedene Dünger für Erika-Arten. Mit wasserlöslichen Kristallen kann man gleichzeitig den Boden ansäuern. Düngepulver wird vor dem Einpflanzen in den Boden eingebracht oder um die bereits eingewurzelten Pflanzen herumgestreut. Es gibt auch ein Flüssigkonzentrat, das verdünnt angewendet wird und am besten für Topfpflanzen geeignet ist.

Erikazeen*dünger für die Frühjahrsdüngung und zur Bodenverbesserung. Streuen Sie ihn auf den Boden und gießen Sie kräftig nach.*

1 Nach dem Unkrautjäten im Frühjahr wird der Dünger um Einzelpflanzen verteilt oder dünn zwischen die Pflanzen im Erikabeet gestreut.

2 Mit einer kleinen Harke werden die Düngekörner 2,5–5 cm tief in den Boden eingearbeitet. Harken Sie nicht zu tief, damit Sie die oberflächennahen Wurzeln von Erika und Heidekraut nicht verletzen.

3 Zuletzt wird der Boden 2,5–5 cm dick mit Mulch bedeckt. Rinde, Holzstückchen oder Kakaoschalen (wie hier gezeigt) machen sich gut zwischen Heidekraut und Nadelbäumen.

Beete mit Nadelbäumen und Heidekraut

1 Nachdem das Beet umgestochen, gedüngt und eingeebnet ist, wird der Boden mit einer Torfschicht oder anderem organischem Material vorbereitet. Die Erde bleibt dann gut feucht und durchlüftet.

2 Der Torf wird mit der Forke in die Oberfläche eingearbeitet. Für die oberflächennah wurzelnden Pflanzen ist dies sehr wichtig, denn die Feuchtigkeit bleibt in Wurzelnähe gespeichert.

3 Sobald die Pflanzen arrangiert sind – Sie können sie dazu erst einmal im Topf lassen – wird gepflanzt. Fangen Sie mit den größten oder wichtigsten Pflanzen an. Beim Entfernen der Töpfe darf der Wurzelballen nicht beschädigt werden.

Heidekraut und Nadelbäume sind auch in der Natur oft kombiniert, sie brauchen die gleichen Bedingungen: Sonne, neutralen oder sauren Boden, der weder zu trocken noch staunass sein darf, und einen offenen, gut durchlüfteten Standort. Man kann die Pflanzen in traditionellen Beeten und Rabatten ziehen oder in Islandbeeten, einer modernen Pflanzweise. Dazu werden unregelmäßige Formen, z. B. Tropfen, in den Rasen gesetzt. Nach allen Seiten offen sind diese Beete leicht zu pflegen, die Pflanzen bekommen mehr Licht und Luft, sind kräftiger und widerstandsfähiger gegen Krankheiten. Das Geheimnis eines attraktiven Heide-Koniferen-Beetes liegt im Zusammenspiel von Form und Farbe der Pflanzen, sowie in ihrer Anordnung. Aufrechte, flammen- und kuppelförmige Nadelbäume wechseln sich ab mit verzweigten, buschigen Formen und all das wird ergänzt von einem darunter liegenden Teppich aus Heidekraut. Wählen Sie Heidegewächse aus allen Hauptgruppen, so haben Sie das ganze Jahr über eine immer neue Blütenpracht. Mit farbigen Nadelbaumsorten, die im Frühjahr zartgrün austreiben oder im Winter einen Bronze-Schimmer bekommen, können Sie Akzente setzen.
Es lohnt sich, ein solches Langzeitbeet gut vorzubereiten. Nehmen Sie viel organisches Material und säuern Sie den Boden, falls nötig, mit Torf an. Bei sehr kalkhaltigen Böden reicht dies allerdings nicht aus, um sie für Heidegewächse fruchtbar zu machen.

Calluna vulgaris
'Silver Knight'

4 Der Abstand zwischen den Nadelbäumen sollte so groß sein, dass sie in zehn Jahren immer noch Platz haben. Die Heidegewächse werden im Abstand von 30–45 cm dazwischen verteilt.

5 Alle Pflanzen müssen gut bewässert werden. Wenn sie beim Kauf sehr trocken waren, sollte man sie für ein paar Stunden ins Wasser stellen, so dass sich der Wurzelballen vollsaugt.

6 Eine dekorative Mulchschicht hilft, die Feuchtigkeit zu halten. Diese Kakaoschalen passen sehr gut zu den Pflanzen. Kakao ist leicht sauer und sein Schokoladenaroma hält Katzen ab.

7 Fertig sind die pflegeleichten Beete. Jedes Frühjahr sollten Sie neuen Mulch ausbringen und die Pflanzen düngen. Im ersten Sommer müssen die Pflanzen während Trockenperioden gegossen werden.

Heidekraut und Nadelbäume mit anderen Pflanzen

Unten: Pflanzen mit lang gestreckten, spitzen oder mit großen, abgerundeten Blättern geben einen guten Kontrast zu Heide- und Nadelbaumarten. Am besten wirken kleine Gruppen in den Rabatten. Zur Auflockerung und Bereicherung der Variationen im Wechsel der Jahreszeiten genügen wenige solcher Gruppen.

Heidebeete, auch Mischbeete mit Nadelbäumen, immergrünen Pflanzen und Birken, wirken noch interessanter, wenn die Kombination um auffällige, kleine Pflanzen ergänzt wird. Natürlich müssen diese Pflanzen unter denselben Bedingungen wie Heide gedeihen – sonnig, gut entwässert und kalkfrei. Sie sollten Größen, Farben und Formen haben, die einen schönen Kontrast zum Heidekraut darstellen. Gräser, aparte, krautige Pflanzen und Zwergsträucher eignen sich gut. Die Vielfalt der Gräser erstreckt sich von der 3 m hohen Art *Miscanthus*, über das mittelgroße Gras *Helictotrichon* bis hin zu kleinen Steingartenarten wie *Festuca* oder Ziergräsern wie *Carex morrowii* 'Evergold'. Für Langzeitanlagen nimmt man am besten immergrüne Gräser. Man sollte aber wegen der schönen Färbung einige Exemplare einstreuen, die im Winter absterben, wie *Carex elata* 'Aurea'. Wählen Sie große, schwingende Arten wie *Stipa gigantea*, die wie großer Hafer aussieht, oder *Miscanthus* 'Silver Feather', eine Art, die an Pampasgras erinnert, um den ruhigen Anblick durch die Bewegung zu beleben.
Bei den krautigen Pflanzen nimmt man am besten solche mit auffallenden Farben und Formen, z. B. bestimmte Sorten von *Bergenia*, *Ophiopogon* und *Liriope muscari* oder Gruppen von *Liatris*, *Galtonia* und *Asphodelus.* Experimentieren Sie mit ungewöhnlichen Zusammenstellungen, kombinieren Sie die Heide mit der Riesenartischocke *Cynara scolymus*, der Bambusart *Nandina domestica* 'Firepower', Yucca- und Berg-Palmen oder mit *Crambe cordifolia*, einer Pflanze mit riesigen gekräuselten Blättern, die im Sommer ähnlich wie Gipskraut blüht. In Steingärten und Hügelbeeten lassen sich kleine Heidegewächse und Zwergnadelbäume sehr gut mit vielen Alpenpflanzen kombinieren. Mit konventionellen Blumengärten verträgt sich Heidekraut meist nicht.

Zwergsträucher für sauren Boden

Säure liebende Pflanzen harmonieren gut mit Heide- und Koniferengewächsen. Sonderzüchtungen mit panaschierten Blättern, wie die Azaleensorte 'Salmon's Leap', oder mit auffälligen Blüten und Früchten, wie das Korallenbäumchen Vaccinium vitis-idaea, *sind sehr reizvoll.* Pieris *'Forest Flame' ist ein Frühlingsblüher und hat hellrote, neu austreibende Blätter.*

Unten: *Hochgewachsene Pflanzen passen hervorragend zu Heide und Koniferen. Besonders Pflanzen mit auffälligen Farben und kräftigen Stängeln wirken sehr keck. Mischen Sie immergrüne Pflanzen mit solchen, die während der Blütezeit Glanzlichter setzen, z. B. mit* Molinia.

Geeignete Pflanzen zum Kombinieren

Pflanzen mit Früchten oder Beeren und immergrünen Blättern: Arbutus unedo, Gaultheria *und* Skimmia.
Blumen: Crinodendron hookerianum, Desfontainia spinosa, Embothrium, Enkianthus, Fabiana, Hamamelis, Kalmia.
Herbstliche Laubfärbung: Blaubeeren, Fothergilla.
Farbige Hochblätter: Cornus canadensis, C. florida *und* C. kousa, Pieris.
Zwergsträucher mit Laubfall: Betula nana *(Zwergbirke),* Salix boydii *und* S. lanata *(Strauchweiden).*

Pflegetipps

Verglichen mit vielen Gartenpflanzen sind Nadelbäume sehr unkompliziert in der Pflege. Probleme entstehen, wenn die Bäume austrocknen. Das kann in jedem Stadium passieren, obwohl junge Pflanzen am meisten gefährdet sind. Bei neu gepflanzten Nadelbäumen „versengt" oft der Wind die Nadeln. Sie werden innerhalb weniger Wochen völlig braun, weil der scharfe Wind mehr Feuchtigkeit über die Nadeln verdunsten lässt, als die Pflanze mit den Wurzeln aufnehmen kann. Auch wenn die Wurzeln austrocknen, kann der Baum absterben. Dies passiert besonders häufig, wenn der Wurzelballen vor dem Einpflanzen sehr trocken ist. Selbst wenn der Setzling nach dem Pflanzen gut bewässert wird, reicht dies meist nicht aus, um den zusammengepressten Ballen aus Wurzeln und Torf zu durchtränken. Vorbeugend sollte man trockene Wurzelballen, wie zuvor beschrieben, behandeln. Auch wenn ältere Pflanzen braun werden, liegt dies meist an der Trockenheit. Häufig sind nur die unteren Pflanzenteile betroffen. Der Baum ist dann zwar entstellt, stirbt aber nicht ab. Regelmäßiges Bewässern und Ausbringen von Mulch aus organischem Material oder Rinde in jedem Frühjahr beugen dem Problem vor. Aber einmal braun gewordene Nadeln werden nie wieder grün. Am besten verdeckt man die Stellen. Lassen Sie eine Kletterpflanze, z. B. Efeu, an den braunen Ästen emporranken oder pflanzen Sie einen immergrünen Strauch vor die betroffene Pflanze. Man muss bedenken, dass die Nadelbäume exponierte Lagen unterschiedlich gut vertragen. Die empfindlicheren müssen an einem geschützten Standort stehen, sollen sie nicht in Zukunft vertrocknen.

Beeinträchtigung durch Hunde

1 Wenn Hunde immer wieder an einem Nadelbaum das Bein heben, führt dies dazu, dass die Stelle unten braun wird. Gießen Sie die Pflanze sofort mit klarem Wasser ab.

2 Abwehrmittel sind in Form von Granulat, Gel, Puder und Kapseln zum Anbinden im Fachhandel erhältlich.

***Oben:** Wurzelfäule tritt gelegentlich bei Heidekraut auf, besonders bei Böden, die im Winter sehr nass sind. Die Blätter werden meist an mehreren Stängeln gleichzeitig braun, so als wären sie trocken.*

1 Bei Kriechwacholder sterben oft ganze Zweige ab, wenn der Boden zu trocken ist, während der Rest der Pflanze unbehelligt bleibt.

Die meisten dieser gesunden, grünen Zweige können stehen bleiben.

2 Damit die Pflanze nicht so hässlich aussieht, werden die braunen Zweige weggeschnitten – der Rückschnitt erfolgt bis zu einem gesunden, grünen Stängel.

3 Der freigelegte Boden wird voll von alten Nadeln und ziemlich ausgelaugt sein. Nachdem der Abfall entfernt ist, wird gut verrottetes organisches Material mit der Forke eingearbeitet und reichlich gedüngt. Die Lücke wird mit Koniferen oder Büschen gefüllt.

***Rechts:** Wenn einzelne absterbende Zweige zimtfarben werden, weist dies auf die sehr hartnäckige Pilzkrankheit* Phytophthora *hin. Sie breitet sich langsam über alle Zweige aus, bis die Pflanze abstirbt. Bei dieser Krankheit genügt es nicht, die befallenen Teile zu entfernen, sondern man muss die ganze Pflanzen ausgraben und vernichten. Häufig werden Pflanzen auf staunassen Böden befallen.*

Schädlingsbefall

Nadelbäume sind nahezu frei von Ungeziefer. Achten Sie aber auf zwei Schädlinge: Spinnmilben sind sehr kleine Insekten, die hauptsächlich Zwergnadelbäume mit dicken Nadeln befallen. Die Spitzen der Triebe werden gelblich oder bronzefarben und die Nadeln fallen ab. Die Fichtenblattläuse sehen aus wie lange, dünne Blattläuse, die, besonders bei Blaufichten, zwischen den Nadeln sitzen. Im Frühjahr und Sommer sollten die Pflanzen regelmäßig auf Schädlinge untersucht werden. Zur Bekämpfung verwendet man ein herkömmliches Insektenvernichtungsmittel für den Garten.

Winterheide

Heidearten, die im Winter blühen, sind eine willkommene Bereicherung für jeden Garten. Sie bilden einen dichten Teppich aus immergrünen, pflegeleichten Pflanzen, die den ganzen Winter über blühen. Im Gegensatz zu anderen Heidegewächsen brauchen sie nicht unbedingt sauren Boden. Jeder einigermaßen gut drainierte Gartenboden an einer offenen, sonnigen Stelle genügt ihnen. Der Boden kann sauer, neutral oder leicht alkalisch sein. Vor dem Pflanzen sollte viel gut verrottetes organisches Material eingearbeitet werden. Die bekannteste Winterart ist *Erica carnea*, von der viele Sorten erhältlich sind. Einige von ihnen haben farbige Blätter, aber dieses Merkmal ist bei anderen Vertretern der Familie der Heidekrautgewächse weiter verbreitet. Sehr schön, aber mit einer etwas geringeren Auswahl an Zuchtformen, sind die Arten *Erica mediterranea* und *E.* x *darleyensis*. Winterheide passt ausgezeichnet zu Nadelbäumen und Birken, deren weiße Stämme besonders im Winter einen guten Kontrast darstellen, Hartriegel, Kopfweiden und *Rubus cockburnianus*. Immergrüne Sträucher lassen sich ebenfalls gut mit Heide kombinieren. Wählen Sie wohlgeformte Arten wie *Viburnum rhytidophyllum* und *V. davidii*, solche mit schönen Beeren oder Früchten, wie *Skimmia reevesiana* und *Arbutus unedo*, oder welche mit farbigen Blättern, wie *Choisya ternata* 'Sundance'. Da sie selbst ihre Hauptblütezeit von Spätherbst bis Frühjahrsbeginn haben, profitieren Winterheidebeete von Pflanzen, die ihren Höhepunkt in einer anderen Jahreszeit haben. Besonders interessant wirken Pflanzen, die sich in der Gestalt wesentlich von den Heidearten abheben, z. B. Ginster und krautige Pflanzen mit auffälligen Blattformen, wie *Bergenia* und Gräser.

Winterheide schneiden

Sobald die Blüten gegen Ende der Hauptblütezeit braun werden, etwa im April, sollte man die Pflanzen mit einer Heckenschere leicht beschneiden. Wenn die abgestorbenen Blütenköpfe entfernt werden, sieht die Pflanze wieder ordentlich und formschön aus.

Links: *Winterheide ist in den Blütenfarben Rosa, Malve, Violett und Weiß erhältlich. Einige haben goldgelbe Blätter. Alle sind willkommene Farbtupfer und beleben den Garten.*

Oben: Erica carnea *'Pink Spangles', 'Springwood White' und 'Vivelli' sind gute Bodendecker. Im Abstand von etwa 25 cm gepflanzt breiten sie sich rasch aus.*

Sommerheide

Zuchtformen der *Calluna* (Glockenheide) und *Erica cinerea* haben ihre Hauptblütezeit vom Hochsommer über den Spätsommer bis in den Herbst hinein und setzten die Farbenpracht im Heidebeet fort. Gemischt mit Winterheide und Arten mit farbigen Blättern garantieren sie das ganze Jahr über Abwechslung in Beeten und Rabatten mit Nadelbäumen. Auf den Etiketten der Pflanzen ist genau beschrieben, wann die verschiedenen Sorten blühen, da die Unterschiede von Typ zu Typ recht fein sind. Sorten, die bis in den Herbst hinein blühen, sehen unter Birken sehr hübsch aus, da sich die Blüten gegen das Weiß der Stämme besonders gut abheben. Außerdem passen sie gut zu Bäumen mit kräftiger Herbstfärbung und Laubfall. Sorten mit einer langen Blühphase im Sommer und Herbst beleben besonders Rhododendron- und Kamelien-Rabatten, die nur im Frühling blühen. Säure liebende Pflanzen, die außerhalb der Saison blühen, bringen eine zusätzliche Bereicherung. Im Gegensatz zur Winterheide gedeihen Arten, die im Sommer blühen, nur auf kalkfreien Böden. Wenn der Boden natürlicherweise nicht sauer, sondern nur neutral ist, kann man ihn mit Torf ansäuern. Auch mit Schwefelflocken lässt sich der Boden ansäuern – die Wirkung hält zwei Jahre an. (Verwenden Sie kein Schwefelpulver, weil es einen plötzlichen pH-Wert-Umschlag im Boden verursacht, der nicht lange vorhält.) Damit man die Schwefelflocken richtig dosieren kann, muss vor dem Ausbringen mit einem pH-Analyse-Test der bestehende Säurecharakter des Bodens exakt bestimmt werden.

Umgang mit Kreideböden

Es gelingt meist nicht, Erikazeen auf Kreideböden zu ziehen. In diesem Fall ist es besser, Sommerheide in Töpfe mit Spezialerde zu pflanzen oder ein Beet extra für Heidekraut anzulegen. Es wird mit Erikazeenerde gefüllt und vom angrenzenden Boden durch eine Plastikfolie abgetrennt. An den Seiten sollte das Wasser gut ablaufen können. Solche Beete können Sie für Winter- und Sommerheide, Nadelbäume und Säure liebende Arten verwenden.

Rechts: *Ein Teppich aus abwechselnd blühenden Heidearten sieht das ganze Jahr über hübsch aus. Die Blätter der nicht blühenden Sorten bieten dabei einen kontrastreichen Hintergrund.*

Sommer- und Baumheide

Zu den Sommerheidegewächsen gehören Erika-Arten wie *Erica vagans* und die weniger bekannten *E. ciliaris* und *E. tetralix*, *Calluna* (Glockenheide) und Baumheidearten wie *Erica arborea* und *Daboecia*. Wenn man ein Heidebeet anlegt oder Heidekraut als Bodendecker für Nadelbäume oder Sträucher verwendet, sollte man möglichst viele verschiedene Sorten anpflanzen, um ein abwechslungsreiches Resultat mit häufig wechselndem Gesicht zu erhalten. Obwohl Nadelbäume und Sträucher schon einen guten Kontrast in Größe und Gestalt darstellen, sollte man die recht seltenen Baumheidearten mit einstreuen, die das Arrangement zusätzlich mit ihren fedrigen, lang gestreckten Formen bereichern. Sommerheidegewächse gedeihen nur auf kalkfreien oder sauren Böden. Alle Heidearten wachsen am besten auf gut entwässernden Böden in offenen, sonnigen Lagen. Nur wenige Sorten vertragen ein paar Stunden Halbschatten am Tag. Wird eine größere Fläche mit Heidekraut bepflanzt, wirkt es am besten, drei bis fünf Pflanzen einer Sorte zu Gruppen zusammenzufassen. Wenn Sie nicht so viele Pflanzen kaufen wollen, nehmen Sie von jeder Sorte nur eine und ziehen Ableger. Heideableger bekommen schnell Wurzeln und ein gutes Jahr später können sie schon ins Freie gepflanzt werden. Die Zweige für die Ableger werden im Spätsommer abgeschnitten, in einen gleichmäßig temperierten Raum gestellt und mit Plastikfolie abgedeckt. Wenn sie nach zwei oder drei Monaten zu wurzeln beginnen, werden Löcher in die Plastikfolie gemacht, damit die Luft zirkulieren kann. Jede Woche werden die Löcher etwas vergrößert, bis man die Folie am Anfang des Winters ganz entfernen kann. Stellen Sie die Töpfe nun an ein helles, kühles Fensterbrett oder in ein frostfreies Gewächshaus. Im Frühjahr werden die Pflänzchen einzeln eingetopft. Man verwendet *Erikazeen*kompost gemischt mit 25 % Sand. Ende des Frühlings können die Töpfchen ins Freie gestellt werden, am besten auf ein Sandbeet, damit sie nicht austrocknen. Gießen und düngen Sie die Pflanzen regelmäßig. Wenn sie im Spätsommer oder Herbst groß genug sind – sie füllen dann ihre Töpfe ganz aus –, können sie direkt in die Erde umgepflanzt werden.

Oben: *Gruppen von* Daboecia cantabrica *'Atropurpurea' in atemberaubendem Pinkviolett, durchzogen von knöcheltiefen Wegen, dazwischen vereinzelt besondere Nadelbäume.*

Links: Daboecia cantabrica *'Hookstone Pink' gehört zu den Sommerheidegewächsen, wird aber mit einer Höhe von 45 cm und einem Umfang von mindestens 1 m größer als gewöhnliche Heidearten. Die Einzelblüten sind größer als beim Heidekraut, aber dafür haben sie weniger Blüten am Stängel. Es gibt nur wenige Sorten, deren Blüten violett, malvenfarben, tiefrosa oder weiß sind. Die Blätter sind rauer als bei der Heide und ziemlich spitz, dunkelgrün oder bei manchen Sorten mit einem leichten Bronzestich. Sie brauchen Sonne und gut entwässernde, kalkfreie oder saure Böden. Schneiden Sie im Frühjahr die alten Blätter etwas zurück und streuen Sie zur selben Zeit Mulch zwischen die Pflanzen.*

Rechts: Erica x veitchii *'Exeter' ist die einzige Baumheiden-Hybride, die regelmäßig gezüchtet wird. Sie hat hellgrüne Blätter und im Frühling duftende weiße Blütentrauben. Die mittelgroße Pflanze ist unempfindlich gegen raues Klima.*

Erica arborea *'Alpina' hat dunkelgrüne Blätter und blüht im Sommer. Die Blüten sind weiß und glockenförmig. Sie duften nach Honig und befinden sich an den Triebspitzen.*

Baumheide wächst langsam bis zu einer Größe von 1,5 m und einer Breite von 60 cm heran.

Erica arborea
'Albert's Gold'
ist bekannt für seine leuchtend goldenen Blätter, die im Sommer noch intensiver leuchten. Baumheidegewächse werden recht hoch, sie bevorzugen volle Sonne, obwohl sie Halbschatten ertragen können.

Ableger bei Heidegewächsen

Die beste Zeit, um Heide zu vermehren, ist der Spätsommer. Zu dieser Zeit sind die Triebe bei der Winterheide gerade im richtigen Stadium, wenn sie nach der Blüte zurückgeschnitten wurden. Bei Sommerheide muss man Triebe nehmen, die keine Blüten tragen.

1 *Die Triebspitzen schneidet man in 3-4 cm Länge ab. Die Blätter der unteren Stängelhälfte werden vorsichtig entfernt, ohne dabei die Stängel abzuknicken.*

2 *Zur Förderung des Wurzelwachstums werden die Triebenden in reichlich Hormonpulver getaucht. Überschüssiges Pulver muss entfernt werden, bevor die Triebe mit Hilfe eines kleinen Stöckchens eingepflanzt werden. Eine Mischung aus Erikazeenerde und Sand (50:50) fördert die Wurzelbildung bei den Trieben.*

3 *Gießen Sie kräftig, aber lassen Sie das Wasser abfließen. Danach wird ein Stück Plastikfolie über den Topf gespannt und befestigt. Nach ca. 6 Wochen kann man sie abnehmen.*

Heide-Blumenampel

Wegen ihrer kompakten Form und ihrer herabhängenden Blütenstände ist die Winterheide besonders gut für Blumenampeln geeignet. Da die Pflanzen sehr wetterbeständig sind, muss man sich keine Sorgen um sie machen, denn sie blühen auch bei schlechtem, nasskaltem Wetter weiter und sehen schön aus. In unseren Breiten kann man die Blumenampel um die Weihnachtszeit mit Bändern, künstlichen Beeren, Stechpalmenzweigen, Kugeln und anderen Dekorationsstücken oder sogar mit einer bunten Lichterkette festlich schmücken. Damit eine Winterbepflanzung gelungen aussieht, muss man gleichmäßig geformte Pflanzen aussuchen, die gerade zu Saisonbeginn in die Blüte kommen. Sie werden sehr dicht gepflanzt, da sie nicht wachsen können und deshalb nicht in der Lage sind, kleine Lücken auszufüllen.

1 Sechs kleine Töpfe mit Heide und ein großer Efeu mit panaschierten Blättern und vielen langen Trieben reichen aus, um eine mittelgroße Blumenampel zu füllen.

Drei bis fünf Winterheidepflanzen wirken auch für sich alleine gut, aber kombiniert mit einer lebhaften Efeuzüchtung mit Schmuckblättern sind sie noch interessanter.

2 Die Schale füllt man halb voll mit einer guten Blumenerde, die zunächst noch nicht festgedrückt wird. Bei selbstbewässernden Schalen wird erst dann Wasser ins Reservoir gefüllt, wenn sie ganz bepflanzt sind.

3 Nehmen Sie den Efeu aus dem Topf und pflanzen ihn – zusammen mit seinem Stab – ein. Über dem Wurzelballen sollten noch etwa 1–2 cm Platz bis zum Schalenrand sein. Achten Sie darauf, dass er aufrecht steht.

4 Die beiden goldblättrigen Heidepflanzen werden eng nebeneinander auf die Vorderseite gepflanzt. Ihre hellen Blätter betonen den Anteil der gelbgrün gescheckten Efeublätter.

5 Die blühenden Heidepflanzen werden so an den Seiten der Schale angeordnet, dass sie dekorativ überhängen. So wirkt die Blumenampel üppig und die goldblättrige Heide wird nicht verdeckt.

6 Mit einer kleinen Handschaufel verteilt man etwas Erde in die Lücken zwischen die Wurzelballen. Das verhindert, dass die Wurzeln austrocknen, die Blätter braun werden und die Pflanze früh verblüht.

7 Nun löst man die Drähte, um den Stab aus dem Efeu zu entfernen, die Triebe werden entwirrt und können neu in der Blumenampel drapiert werden.

„Hochgesteckter“ Efeu

Bei dieser Variante wird der Efeu um die Ketten der Blumenampel gewickelt. Besonders wenn die Schale höher hängt, ist dies ein guter Blickfang.

Rechts: Winterheide bleibt höchstens für eine Saison in der Schale. Im Frühjahr kann man sie in den Garten pflanzen.

8 Arrangieren Sie die Efeustränge so, dass sie leicht über den Rand der Schale hängen und die Zwischenräume im Heidekraut gut ausfüllen.

Blumenschale mit Winterheide

Große, niedrige Pflanzgefäße wie Fensterkästen, Kübel und Tröge ermöglichen ausladende Winterschalen mit Heidekraut. Zum Kombinieren eignen sich Zwergnadelbäume, kleine immergrüne Pflanzen wie *Fatsia japonica* oder *Euonymus*-Sorten, immergrüne Gräser oder Alpenpflanzen und sogar Gruppen von Blumenzwiebeln, die im Frühjahr austreiben und blühen. Wenn Sie spezielle Erde für *Erikazeen* verwenden, die auch für Winterheide und Koniferen verträglich ist, können Sie Pflanzen, die nur in kalkfreien Böden gedeihen, wie *Skimmia* oder *Gaultheria procumbens*, mit einpflanzen. Im milden Klima der Innenstädte ist es möglich, frostempfindliche Pflanzen, wie *Solanum capsicastrum* (Winterkirsche) und *Rhododendron simsii* (Indische Azalee), die recht festlich wirken, zu verwenden. Um Heidekraut wirkungsvoll mit anderen Pflanzen zu kombinieren, sollte man vor dem Kauf die Pflanzen nebeneinander stellen und sehen, ob sie zusammenpassen. In einem großen Pflanzgefäß macht es sich gut, wenn in der Mitte eine Gruppe von drei aufrechten, immergrünen Pflanzen in verschiedenen Höhen steht, die von einem Heideteppich umgeben ist, in dem hin und wieder andere Pflanzengruppen eingestreut sind. In einem Fensterkasten oder Trog wirkt eine Reihe gleicher immergrüner Pflanzen sehr attraktiv.

4 *Die Konifere stellt das Zentrum dar. Über dem Wurzelballen sollten noch etwa 1–2 cm Platz bis zum Schalenrand sein.*

1 *Kombinieren Sie die blühende Heide mit einem farblich passenden Topf. Frostfeste Keramikware ist zu empfehlen.*

2 *Bedecken Sie das Drainageloch mit einer Tonscherbe, damit die Erde nicht herausrieselt, oder benutzen Sie feinmaschige Drahtgaze.*

3 *Ein Drittel der Schale wird mit Erde gefüllt. Spezielle Erde für* Erikazeen *ist nicht nötig, da Winterheide ein wenig Kalk im Boden verträgt.*

5 Drücken Sie den Nadelbaum gut fest und verteilen Sie die Heidepflanzen gleichmäßig um ihn herum. Achten Sie darauf, dass die Wurzeln dabei nicht verletzt werden.

6 Sollten Sie die Schale an eine Wand stellen wollen, ist es ratsam, den Nadelbaum weiter nach hinten und die Heide mehr in den Vordergrund zu pflanzen. Der Platz ist dann besser genutzt.

7 Zwischen die Heidepflanzen wird Erde verteilt und die Schale bis zum Rand gefüllt. So wird verhindert, dass die Wurzeln austrocknen.

Winterpflege

Platzieren Sie die Schale so, dass man sie vom Haus aus gut sehen kann. Obwohl Heide und Koniferen einiges aushalten, sollten Sie die Schale an einen geschützten Ort stellen, wenn Blumenzwiebeln oder Alpenpflanzen eingepflanzt sind. Verlassen Sie sich nicht darauf, dass es im Winter genug regnet, sondern kontrollieren Sie jede Woche, ob Sie die Schale gießen müssen. In milden Phasen im Frühling sollte ein flüssiger Allround-Dünger ausgebracht werden oder Sie mischen bereits beim Einpflanzen ein Düngegranulat unter die Erde, das sich langsam auflöst.

8 Die Schale wird nun kräftig gegossen und mit einem geeigneten Untersetzer so an ihrem Platz zurechtgerückt, dass sie am besten zur Geltung kommt.

Herbstlicher Heidetopf

Schalen oder Töpfe mit Heidearten, die im Spätsommer oder im Herbst blühen, überbrücken wunderbar die Flaute zwischen der Blühsaison der Sommerbeete und der Winterheide. Viele Arten von *Calluna vulgaris* (Glockenheide) und *Erica vagans* sind beispielsweise gut geeignet. Da beide saure Bedingungen brauchen, verwenden Sie spezielle *Erikazeen*erde und kombinieren sie mit Pflanzen, die ebenfalls keinen Kalk vertragen. Wenn die Herbstheide verblüht ist, kann man sie herausnehmen und in den Garten pflanzen. Die Lücken in der Schale werden einfach mit Winterheide gefüllt. (Diese benötigen nicht unbedingt Spezialerde.) Indem man die spät blühenden Heidepflanzen teilweise durch Sommerheide ersetzt und einige Pflanzen mit bunten Blättern verwendet, erreicht man, dass eine solche Pflanzschale das ganze Jahr über interessant aussieht. Die farbige Abwechslung bildet dann einen bleibenden Gegenpol zu den immergrünen Pflanzen in der Mitte. Alle Säure liebenden immergrünen Pflanzen sind geeignet – hier wurden eine *Gaultheria* mit lila Beeren und eine *Leucothoe* mit violettem Laub eingesetzt. *Gaultheria procumbens*, eine niedrige Kriechpflanze, die tiefgrüne, ovale Blätter und im Winter große, hellrote Beeren hat, lässt sich gut mit einem Zwergrhododendron kombinieren. Dieser blüht erst gegen Ende des Frühjahres und verlängert dadurch die Zeitspanne, in der die Schale besonders interessant wirkt.

1 Das Drainageloch wird mit einer Tonscherbe oder einer Kiesschicht bedeckt. Bis zu den unteren Pflanzlöchern wird Erikazeenerde eingefüllt.

2 Die Pflanzen werden aus dem Topf genommen und in die Löcher gesteckt. Kaufen Sie nur Heidepflanzen in kleinen Töpfen.

3 Mit Erde auffüllen bis die Wurzeln bedeckt sind und die Höhe der nächsten „Lochreihe“ erreicht ist. Pflanzen Sie die restlichen Heidebüsche ein.

4 Bepflanzen Sie nun die große Öffnung der Schale. Sie sollte gut gefüllt sein, weil die Pflanzen im Herbst nicht mehr viel wachsen.

5 Winden Sie zwei oder drei Efeuranken um den Rand der Schale. Am besten wird der Efeu durch die Henkel gesteckt und zwischen dem Heidekraut hübsch drapiert.

6 Stellen Sie die Schale an eine sonnige, geschützte Stelle und sorgen Sie dafür, dass das Wasser gut ablaufen kann. Gießen Sie regelmäßig und düngen Sie die Pflanzen im folgenden Frühjahr mit Flüssigdünger. Diese Pflanzschale hält sich ohne weiteres zwei bis drei Jahre, bevor die Pflanzen zu groß werden und ausgetauscht werden müssen. Wechseln Sie dann auch die Erde aus.

1 *Von der Hochstamm-Stechpalme 'Golden King' gibt es weibliche und männliche Pflanzen. Aus den weiblichen Blüten entwickeln sich rote Beeren, wenn männliche Blüten in der Nähe sind.*

Festliches Winterarrangement

Immergrüne Pflanzen bilden die Grundlage für viele hübsche winterliche Pflanzenarrangements. Warum probieren Sie es nicht einmal mit einer speziellen Weihnachtsschale? Das Laubwerk von Stechpalmen und Efeu kombiniert mit immergrünen Blattpflanzen und schönen Beeren macht eine Winterschale richtig festlich. Dazu noch ein Zierkohl, der bis zum Frühjahr hält und dann zu blühen beginnt. Er ist unempfindlich gegen schlechtes Wetter und sieht immer tadellos aus. Wenn Sie keine Stechpalme mit einem Hochstamm finden, kaufen Sie einen Strauch und schneiden ihn so zurecht, dass nur noch oben eine „Laubkugel" stehen bleibt. Sie können auch einen Lorbeerbaum oder eine strauchförmige Stechpalme verwenden und diese mit etwas weniger Pflanzen umgeben. Bepflanzt man zwei Schalen auf die gleiche Weise und stellt auf jede Seite des Hauseingangs eine, so wirkt dies sehr dekorativ und etwas formell. Lockerer wirkt eine große Schale und mehrere gleich aussehende kleine Schalen mit immergrünen Pflanzen, Winterheide und Blumenzwiebeln, die im Frühjahr austreiben. Damit Winterschalen immer gut aussehen, stellt man sie an einen geschützten, möglichst hellen Ort und achtet darauf, dass überschüssiges Wasser gut abfließen kann. Sogar Pflanzen, die normalerweise Halbschatten bevorzugen, gedeihen an den trüben Wintertagen an einem hellen Standort besser. Während milder Perioden im Frühjahr sollte gedüngt werden. Entfernen Sie verfärbte Blätter und machen Sie die Schale einmal wöchentlich zurecht, damit sie sich immer von ihrer schönsten Seite zeigt.

2 *Das Drainageloch wird abgedeckt und die Schale wird soweit mit Erde gefüllt, dass noch genug Spielraum für die Wurzeln der Pflanzen bleibt.*

3 *Die Stechpalme wird genau in die Mitte gestellt. Direkt an den Stamm kommt die goldene Baumheide, um die strenge, aufrechte Linie etwas aufzulockern.*

4 Platzieren Sie die Gaultheria *und die blühende Heide im Vordergrund. Verteilen Sie reichlich Erde um die Wurzelballen und drücken Sie die Pflanzen an ihrem Standort gut fest. Die Zweige dürfen gerne ein wenig über den Schalenrand hängen.*

5 *Der kräftige Zierkohl wird nach hinten gepflanzt und der rankende Efeu wird so arrangiert, dass er sich seitlich um die Schale schmiegt. Das verleiht dem Gesamtbild sofort ein abgerundetes Aussehen.*

6 *Gießen Sie die Schale kräftig und kontrollieren Sie die Feuchtigkeit wöchentlich. Bis zum Frühling muss nicht gedüngt werden.*

Winterliche Blumenschale

Flache Schalen sind eine willkommene Abwechslung gegenüber den topfförmigen Pflanzgefäßen, die normalerweise für Ganzjahrespflanzungen verwendet werden. Sie lassen sich sehr gut mit eher traditionell bepflanzten Gebinden zu attraktiven Gruppen zusammenstellen. Unser Pflanzvorschlag hier passt zum Beispiel sehr gut zu einem festlichen Arrangement mit Hochstamm-Stechpalme wie es auf den Seiten 34 und 35 gezeigt wird. Da flache Schalen schnell austrocknen, muss oft kontrolliert werden, ob sie noch feucht genug sind. Außerdem fasst eine flache Schale weniger Erde als ein höheres Modell. Die Erde verdichtet sich schneller, die Wurzeln werden dadurch „erstickt" und die Pflanze „verhungert", weil sie keine Nahrung mehr aufnehmen kann. Aus diesen Gründen ist es sinnvoll, die Pflanzen aus flachen Schalen bereits nach einer Saison herauszunehmen und in den Garten zu pflanzen. Für eine Winterschale sollte man Pflanzen auswählen, die gerade am Anfang ihrer Blütezeit stehen, mit üppigen Blütenknospen und gut entwickelten Blättern. Die Schale sollte gut gefüllt sein, da die Pflanzen bis zur nächsten Wachstumsperiode kaum größer werden. Schalen für das ganze Jahr mit immergrünen Pflanzen, Heidegewächsen und Nadelbäumen sollten den Winter über an einem sonnigen, geschützten Ort stehen. In einen Untersetzer lässt man überschüssiges Wasser ablaufen. Direkt an der Hauswand ist ein guter Platz für die Schale, weil sie dort im Schutz der Mauern steht.

Für jede Saison

Preiswerte Schalen mit Arrangements aus kleinen Pflanzen für jede Jahreszeit sind oft im Gartencenter erhältlich. Wenn die Schale ihre Schönheit zu verlieren beginnt, kann man die Pflanzen in den Garten umsiedeln.

1 Nehmen Sie eine frostsichere Schale von guter Qualität. Decken Sie das Drainageloch mit einer Tonscherbe oder einem flachen Stein ab, damit die Erde nicht herausfällt. Das Wasser kann trotzdem ungehindert ablaufen.

2 Die Schale wird etwa zur Hälfte mit Erde gefüllt, aber es sollte genug Platz für die Wurzelballen bleiben. Jede Blumenerde auf Humus- oder Torfbasis ist geeignet.

3 Man nimmt die Pflanzen aus den Blumentöpfen und setzt die größte – hier die Aucuba *– in die Mitte. Rundherum werden kleinere Pflanzen mit anderen Formen und Blattfärbungen arrangiert.*

4 *Nun wird noch eine herabhängende Pflanze (hier* Carex*), die auf einer Seite über den Rand wuchert, hinzugefügt. Als Blickfang dient die* Skimmia *mit ihren roten Beeren.*

5 *Die verbleibenden Lücken werden mit blühenden Heidepflanzen aufgefüllt. Sie bilden einen Gegenpol zu den roten Beeren der* Skimmia *und sorgen für das richtige Gleichgewicht.*

6 *Vorne wird ein Plätzchen für Stiefmütterchen reserviert. Sie blühen den ganzen Winter über. Verwelkte Blüten sollten regelmäßig entfernt werden.*

7 *Gießen Sie die Schale kräftig und stellen Sie sie auf die Außentreppe, in den Innenhof oder auf die Veranda. Kombiniert mit anderen Winterschalen wirkt sie noch schöner.*

Troggarten

Mit ihrer wohlgeformten Gestalt und ihren dichten Nadeln bilden kompakte, langsam wachsende Nadelbäume das ganze Jahr über einen guten Hintergrund für saisonal blühende Steingartengewächse, die unter denselben Lebensbedingungen gedeihen. Ein Troggarten braucht regelmäßige Pflege. Besonders das Gießen ist wichtig. Der natürliche Regen allein reicht nicht für die Bewässerung aus. Von Frühling bis Spätsommer sollte alle zwei Wochen gedüngt werden. Man kann auch einen langsam löslichen Dünger in die Erde einbringen, der jedes Frühjahr erneuert wird, indem man Löcher in die Erde sticht und wieder neuen Dünger untermischt. Nach zwei bis drei Jahren ist die Erde ausgelaugt und muss ersetzt werden. Bestimmt sind dann auch einige Pflanzen zu groß oder unansehnlich geworden und es ist das Beste, den Trog mit frischen Pflanzen zu bestücken. Die alten kann man in den Steingarten oder in ein Hochbeet einpflanzen.

1 Die Pflanzen sollten in Gestalt, Aufbau und Farbe gut aufeinander abgestimmt sein und Abwechslung während des ganzen Jahres garantieren. Außerdem wird ein Sack Blumenerde auf Humusbasis benötigt.

2 Auf die großen Drainagelöcher am Grund des Troges werden Tonscherben oder flache Steine gelegt. Der Boden wird mit einer etwa 2,5 cm dicken Schicht grobem Kies bedeckt.

3 Der Trog wird nun etwa zur Hälfte mit Erde angefüllt. Wenn man die Pflanzen hineinstellt, sollten zwischen dem Wurzelballen und dem Trograndnoch etwa 1–2 cm Platz bleiben.

4 Nehmen Sie die Pflanzen aus ihren Töpfen und stellen Sie sie an ihren Platz. Krumm gewachsene Nadelbäume sollten so im Trog platziert werden, dass sich die Spitze zur Mitte neigt.

5 Der zweite Nadelbaum sollte direkt daran anschließen. Die Koniferen an der hinteren Wand des Pflanztroges bilden den Hintergrund für das Arrangement.

6 Steingartenpflanzen werden in die Lücken zwischen den Nadelbäumen und in die Ecken gepflanzt. Wenn nötig, werden die Wurzelballen leicht flach gedrückt, damit sie besser passen.

7 Vorne sorgen leicht überhängende Pflanzen dafür, dass die harten Linien des Randes durchbrochen werden. Eine schöne Wirkung erreichen Sie mit einem üppig bepflanzten Trog.

8 Die Lücken zwischen den Wurzelballen werden mit Erde aufgefüllt. Nach dem Gießen sinkt diese eventuell etwas ein, so dass später noch ein paar Schaufeln nachgefüllt werden müssen.

Nadelbaumgruppen

Nadelbäume eignen sich gut für Ganzjahrespflanzungen. Kleine Koniferen und solche mit einer eher gewöhnlichen Wuchsform wirken in Gruppen von fünf kleinen oder drei mittelgroßen Bäumen am besten. Nehmen Sie Pflanzen, die sich in der Gestalt stark unterscheiden – ein kleiner, kuppelförmiger, ein unregelmäßiger, buschiger und ein großer, ausladender Baum ergeben, wie hier gezeigt, ein schönes Trio. Langsam wachsende Arten, die im Garten nur schwer durchzubringen sind, und edlere Sorten, die nur an geschützten Orten überleben, müssen mit großer Sorgfalt behandelt werden und können zum Beispiel in einem Innenhof prächtig gedeihen. Verwenden Sie für die ganze Gruppe gleichartige Blumentöpfe, damit eine optische Verbindung zwischen den Bäumen hergestellt wird. Terracotta, orientalische Keramik und naturbelassene Holz- und Steintöpfe passen besonders gut zu Nadelbäumen. Es sieht am besten aus, wenn die Töpfe, wie auch die Bäume, unterschiedliche Größen haben. Pflanzen Sie den größten Baum in den größten Topf, damit die Proportionen stimmen. Die Töpfe können auch eine unterschiedliche Form haben – einer weit und flach, einer schlank und hoch. Ein weiter, flacher Topf eignet sich sehr gut für einen niedrigen, weit ausladenden Nadelbaum.

Rechts: *Sie brauchen drei gleichartige Töpfe in unterschiedlicher Größe, Pflanzerde und drei Nadelbäume, die gut als Gruppe zusammenpassen. Probieren Sie ruhig schon beim Einkauf im Gartencenter verschiedene Pflanzkombinationen aus.*

1 Nehmen Sie sich immer nur einen Topf vor. Das Drainageloch auf dem Boden wird abgedeckt. Die Erde kann dann nicht herausrieseln, aber überschüssiges Wasser läuft trotzdem ungehindert ab.

2 Als Pflanzerde nehmen Sie am besten eine qualitativ hochwertige Mischung auf Humusbasis, die mehrere Jahre hält. Füllen Sie nur so viel Erde ein, dass noch Platz für den Wurzelballen, zuzüglich 1–2 cm, bleibt.

Gießen und Düngen der Pflanzen

Werden Gelkristalle, die das Wasser speichern können, unter die Erde gemischt, bleibt sie länger feucht. Zu überlegen ist, ob man eine automatische Bewässerungsanlage installiert. Sie wird an einen Wasserhahn im Außenbereich angeschlossen. Über eine programmierbare Zeitschaltuhr kann eingestellt werden, an welchen Wochentagen und wie lange die Wasserzufuhr erfolgen soll. Düngen Sie die Pflanzen im Frühling und Sommer einmal wöchentlich mit Fest- oder Flüssigdünger. Die Pflanzen können bis zu drei Jahre im gleichen Topf bleiben. Zu große Bäume werden dann umgetopft oder in den Garten gesetzt.

3 Die Pflanze wird vorsichtig aus dem Topf genommen und in der Mitte platziert. Einige Wurzeln sollten gelockert und herausgezogen werden.

4 Verteilen Sie mehr Erde um den Wurzelballen herum und drücken Sie die Pflanze gut fest. Bis zum Schalenrand sollten 1–2 cm frei bleiben.

5 Kräftig gießen, dann die abgesackte Erde wieder bis zur ursprünglichen Höhe auffüllen.

Picea orientalis *'Aurea': Diese Variante der orientalischen Fichte sieht im Frühjahr am schönsten aus, wenn die jungen Triebe sprießen. Den Sommer über leuchten sie golden, erst nach und nach werden sie grün.*

Cryptomeria japonica *'Lobbii Nana' ist eine kompakte, leicht zipfelige Pflanze, die in zehn Jahren nicht mehr als 60 cm an Höhe und Umfang erreicht.*

Thuja plicata *'Rogersii' erreicht innerhalb von zehn Jahren gerade 30 cm an Höhe und Umfang. Die äußersten Spitzen der Triebe schimmern goldbronzen.*

6 Alle drei Bäumchen werden in dieser Weise eingepflanzt und als Gruppe arrangiert. Vor einem glatten, gleichmäßigen Hintergrund kommen die bizarren Formen der Koniferen am besten zur Geltung.

Verschiedene Nadelbäume

Nadelbäume haben unscheinbare Blüten und tragen ihre Samen in Zapfen. Bei manchen Arten, zum Beispiel bei der Kiefer, sind die männlichen Blütenstände kerzenförmig, bei anderen Arten sind es winzige rote Tröpfchen. Die weiblichen Blütenstände entwickeln sich zu den samentragenden Zapfen. Diese bestehen aus Schuppen, in denen die Samen eingeschlossen und vor Vögeln geschützt sind. Wenn die Zapfen reif sind, öffnen sich die Schuppen und die Samen fallen heraus. Die meisten Koniferen sind immergrüne Pflanzen, nur wenige Arten verlieren im Winter die Nadeln. Ein kurzer Überblick von *Abies* (Tanne) bis *Thuja* (Lebensbaum) gibt eine Vorstellung von der Vielfalt der Nadelbaumarten.

Abies *(Tanne)*

Heutzutage gibt es eine breite Auswahl an Tannensorten (auch Blautannen) mit kompakter Wuchsform, die sich für Gärten eignen.

Abies lasiocarpa *'Compacta' mit blauen Nadeln und einer gleichmäßigen, konischen Gestalt wird in zehn Jahren nur etwa 1 m hoch. Sie passt gut in eine Rabatte mit Bodendeckern.*

Cedrus *(Zeder)*

Es gibt keine kleinen Zedernarten, aber einige Sorten eignen sich für mittlere bis große Gärten. Ihre gestreckte Wuchsform verleiht Rasenflächen und Rabatten ein außergewöhnliches Aussehen.

Cedrus deodara *'Aurea': Eine ausgesprochen lang gestreckte mittlere bis große Zedernart mit herabhängenden Spitzen und Nadeln, die besonders beim Austreiben im Frühjahr einen goldenen Schimmer haben. Die Bäume werden innerhalb von zehn Jahren bis zu 2,5 m groß.*

Chamaecyparis *(Scheinzypresse)*

Bei den Scheinzypressen gibt es mehr Sorten, die für den Garten geeignet sind, als bei anderen Nadelbaumarten. Die Auswahl ist enorm und reicht von großen Pflanzen, die in offene Rasenflächen oder hohe Hecken passen, bis hin zu den winzigsten Steingarten-Exemplaren. Alle brauchen ein geschütztes Plätzchen, um ihr Laubwerk zu schonen.

Chamaecyparis lawsoniana *'Little Spire' hat eine spitze, etwas zipfelige Form und im Frühling winzige rote „Zapfen". Der Baum kann innerhalb von zehn Jahren bis zu 2 m groß werden. Er macht sich gut als Topfpflanze, in Steingärten, im Hochbeet oder in gut drainierten Rabatten mit Zwergkoniferen und Gräsern oder kleinen krautigen Pflanzen.*

Links: *Nadelbäume müssen nicht unbedingt in Gruppen angepflanzt oder mit Heidekraut kombiniert werden. Sie passen auch zu anderen Gartenpflanzen, wenn sie in Laubwerk und Farbe gut mit ihnen harmonieren. Hier wächst* Chamaecyparis pisifera *'Filifera Aurea' zwischen Pfaffenhütchen, verschiedenfarbigem Ziersalbei, Mahonien und goldfarbenen Eiben.*

Chamaecyparis nootkatensis *'Pendula' ist ein aufrecht wachsender Nadelbaum mit betont wippenden Ästen. Bei gut gewachsenen Exemplaren überlappen die herabhängenden Zweige in mehreren Lagen. Sie erreichen an die 3 m in zehn Jahren. Als einzeln stehende Bäume bestechen sie in einer Rasenfläche oder einem Teppich aus Heidekraut oder anderen Bodendeckern.*

Chamaecyparis lawsoniana *'Snow White': Die weißen Spitzen der jungen Triebe sind für das getupfte Erscheinungsbild verantwortlich. Einen guten Kontrast bilden dunkelgrüne Sorten, kriechende Nadelbaumarten und Bodendecker. Der Baum wird in zehn Jahren bis zu 1 m hoch.*

Cryptomeria *(Sicheltanne)*
Die Japanische Zeder (Sicheltanne) ist ein großer Baum. Aber es gibt kompaktere Zuchtformen und sogar einige Zwergarten für den Steingarten. Bei vielen gezüchteten Sorten färben sich die fedrig wirkenden Zweige im Herbst rotbraun.

Oben: Cryptomeria japonica *'Elegans Nana' ist eine kompakte Sorte der Japanischen Zeder mit fedrigen Nadeln, die sich im Winter rotviolett färben.*

Cryptomeria japonica *'Elegans Compacta': Diese kompakte Art hat weiche fedrige Nadeln, die zunächst in Reihen wachsen, später dichter werden und sich im Winter rotbraun färben. Alle Sicheltannen bevorzugen etwas feuchtere Standorte als die anderen Nadelbäume. Diese Art wächst langsam und wird innerhalb von zehn Jahren zu einer 1 m großen, kuppelförmigen Pflanze.*

Links: *Hier zwei hohe, schlanke Exemplare von* Cupressus macrocarpa *'Goldcrest'. Sie wurden oben verbunden und bilden so einen ungewöhnlichen Blickfang.*

Cupressus *(Zypresse)*
Zypressen sind hohe, aufrechte, konische Bäume mit weichen Nadeln. Cupressus macrocarpa *war einst eine beliebte Heckenpflanze. Jetzt wird sie hauptsächlich als einzeln stehender Baum in mittleren bis großen Gärten verwendet.*

Cupressus glabra *'Aurea': Der eindrucksvolle Baum passt hervorragend zu dunkelgrünen und blauen Heidearten oder immergrünen Pflanzen und zu beerentragenden Pflanzen. Innerhalb von zehn Jahren kann er eine Höhe von 2,5 m erreichen.*

Oben: Juniperus communis *'Golden Showers' ist eine Steingartenart. Es entwickelt sich eine flammenförmige kleine bis mittelgroße Pflanze.*

Rechts: Juniperus squamata *'Blue Carpet' wächst in Spalten zwischen Steinplatten, an Wegrändern und als Bodendecker an heißen, sonnigen Stellen.*

Im Frühling sind die jungen Triebe von Juniperus communis *'Depressa Aurea' an den Spitzen buttergelb. Während des Sommers ergeben sich hübsche Lichteffekte durch die silbrig glitzernden Unterseiten der Nadeln. Im Winter wirkt der Baum fast wie in Bronze getaucht.*

Juniperus *(Wacholder)*
Wacholder ist eine unempfindliche, raue Art, die heiße, trockene Perioden übersteht, ohne dass die Nadeln braun werden. Er eignet sich bestens für Innenhöfe, direkt in den Kies gepflanzt oder auch im Topf. Seine Nadeln sind hart und spitz, weshalb man beim Anfassen vorsichtig sein sollte.

Die stahlblauen Nadeln des Juniperus virginiana *'Blue Arrow' behalten ihre Farbe das ganze Jahr über. Die strenge Wuchsform bildet in kleinen Baumgruppen oder in einem Heide-Koniferen-Beet einen guten Blickfang.*

Picea ***(Fichte)***

Von Picea, *gemeinhin als Fichte bekannt, gibt es eine ganze Reihe Zuchtformen für den Garten mit blauen, silbernen, grauen und grünen Nadeln und in verschiedenen Wuchsformen, viele haben hübsche Zapfen.*

Picea pungens *'Erich Frahm', eine langsam wachsende, kompakte, etwas bizzar geformte Blaufichte, eignet sich gut als Einzelbaum in kleinen Rabatten oder als Topfpflanze im Innenhof.*

Picea glauca *'Laurin' wird in zehn Jahren nur ca. 30 cm hoch. Sie hat wunderbar dichtes Nadelwerk und eine adrette Gestalt. Sie ist ideal als Topfpflanze, für den Steingarten oder das Hochbeet.*

Rechts: *Überreste von männlichen Blütenständen, „Kerzen" genannt, junge weibliche Zapfen und ein reifer Zapfen der Kiefer* Pinus sylvestris. *Bei dieser Art brauchen die Zapfen zwei Jahre bis zur Reife. Erst dann öffnen sich die Schuppen und die Samen fallen heraus.*

Oben: *Kriechende Blaufichten wie* Picea pungens *'Glauca Prostrata' können nach oben strebende Triebe bekommen. Entfernen Sie solche „Emporkömmlinge" sofort, sonst entwickelt sich die Pflanze wieder zu einem aufrecht wachsenden Baum.*

Pinus ***(Kiefer)***

Die Nadeln der Kiefern wachsen in kleinen Bündeln. Sie sind oft sehr lang und stellen ein charakteristisches Merkmal dieser Art dar. Die Bäume entwickeln schnell ein raues Äußeres und verleihen dem Garten eine gewisse Reife. Einige Sorten bilden sehr große Zapfen.

Pinus sylvestris *'Chantry Blue' hat wunderschöne silberblaue Nadeln und orangefarbene „Kerzen" in der Wachstumsphase im Frühling. Eine unempfindliche Pflanze, die schlechten Boden, Trockenheit und windige Lagen verträgt, aber viel Sonne braucht.*

Taxus (*Eibe*)
Die Eibe hat eine lange Tradition in kunstvoll geschnittenen Hecken und Pflanzenornamenten. Seit Jahrhunderten findet man sie in Bauerngärten. Einst lieferte sie das Holz für den Langbogen. Eiben sind für ihr langsames Wachstum bekannt, doch junge Pflanzen wachsen schneller zu einer dichten Hecke heran, als im Allgemeinen vermutet wird.

Links: *Die Eibe ist vermutlich die beliebteste Pflanze für Schnitthecken, Labyrinthe und Pflanzenornamente, weil sie sich sehr exakt zuschneiden lässt. Hecken und Ornamente aus stabilen Formen, zum Beispiel Quadern und Kugeln, tragen sich selber. Filigranere Muster benötigen einen Metallrahmen zur Unterstützung.*

Taxus baccata *'Fastigiata Aureomarginata' macht sich besonders gut an der Grundstückseinfahrt. Sie wird innerhalb von zehn Jahren 2 m groß und kann, wenn nötig, beschnitten werden.*

Thuja occidentalis *'Rheingold' hat eine lockere, konische Form und wird in zehn Jahren ca. 1,5 m groß. Sie eignet sich für große Steingärten, Mischbeete mit Heide und Koniferen oder, in einer einzelnen Reihe, als unregelmäßige Hecke.*

Thuja (*Lebensbaum*)
Lebensbäume haben gefächerte, oft weiche Zweige, die aus überlappenden Schuppenreihen bestehen und bei manchen Arten duften. Es gibt einige Sorten, die sich gut für Hecken eignen, aber auch Zierformen, die in Rabatten am schönsten wirken.

Thuja orientalis *'Aurea Nana' ist ein äußerst beliebter Nadelbaum für Steingärten und kleinere Nadelbaum-Rabatten. Ihre überlappenden, fächerartigen, goldenen Zweige (am hellsten leuchten sie im Frühjahr) sind charakteristisch für die Sorte. Die gleichmäßig abgerundete Pflanze erreicht innerhalb von zehn Jahren etwa 60 cm Höhe.*

Zwergnadelbäume

Die leuchtend goldenen Spitzen des Taxus baccata *'Pumila Aurea' verlieren ihre Farbe nicht einmal im Winter. Für die Farbentwicklung ist viel Sonne wichtig.*

Nadelbäume ziehen Sie schnell in ihren Bann. Wenn Sie einmal angefangen haben, interessante Pflanzen mit verschiedenen Formen, Farben und Nadelmustern zusammenzustellen, wollen Sie immer mehr. Beginnen Sie mit kleinen Koniferen. Sie sind leicht zu pflegen und verändern das Aussehen des Gartens kaum. Eine Gruppe von kompakten, langsam wachsenden Bäumchen wirkt am besten in Töpfen. Im Innenhof lassen sie sich gut aufstellen. Außerdem benötigen sie weniger Pflege als einjährige Pflanzen, die jedes Frühjahr erneuert und im Herbst entfernt werden müssen. Wirklich kleine Nadelbäumchen können in Regalen, auf Blumentreppen oder sogar in Schalen für Bonsai-Bäume gehalten werden. Zwergnadelbäume müssen nicht beschnitten werden wie Bonsais, sehen aber genauso hübsch aus. Jede Sorte entwickelt natürlich die für sie eigentümliche Wuchsform. Topfkoniferen müssen vor allem im Sommer und wenn der Topf recht klein ist regelmäßig gegossen werden. Ein automatisches Bewässerungssystem mit einer Düse für jeden Topf könnte eine Überlegung wert sein, da es Ihnen viel Arbeit erspart. Wählen Sie einen Standort ohne Staunässe an einem geschützten, sonnigen Plätzchen. Topfpflanzen sollten in der warmen Jahreszeit regelmäßig mit einem hochwertigen Flüssigdünger behandelt werden.

Chamaecyparis obtusa *'Nana Compacta': Diese Miniaturzüchtung wird in zehn Jahren höchstens 60 cm groß und wächst sehr dicht und gekräuselt.*

Pinus wallichiana *'Densa' ist eine seltene Kiefernart mit dichten Nadeln, die der Pflanze ein kompaktes Aussehen verleihen. Sie wird in zehn Jahren ca. 1 m groß.*

Cryptomeria japonica *'Spiralis' ist eine Pflanze mit spiralförmig gewundenen Stängeln und hängenden Ästen. Innerhalb von zehn Jahren wird der Baum nur 60 cm groß.*

Chamaecyparis obtusa *'Golden Nymph' schmücken goldene Tupfer, sie erreicht in zehn Jahren eine Höhe von 60 cm.*

Chamaecyparis obtusa *'Golden Sprite' wird in zehn Jahren kaum 30 cm hoch.*

Pinus densiflora *'Jane Kluis' ist eine Kiefer-Neuzüchtung mit sehr dichten Nadeln. Die kompakte Pflanze wird in zehn Jahren nur 60 cm hoch.*

Chamaecyparis obtusa *'Nana Aurea' hat eine offene Form und wächst langsam zu einem konisch geformten Baum von 1 m Höhe (in zehn Jahren) heran.*

Thujopsis dolabrata *'Nana', ein dichter, flacher Busch, entwickelt innerhalb von zehn Jahren eine Höhe von 45 cm und eine Breite von etwa 120 cm.*

Zwergnadelbäume in Hochbeeten

Andere Einsatzmöglichkeiten für Zwergnadelbäume sind Hochbeete, Alpen- oder Troggärten. Verwenden Sie hochwertige Grunderde gemischt mit grobem Sand und gestalten Sie Kombinationen mit Steingartenpflanzen. Zwergnadelbäume vertragen sich nicht gut mit Heidekraut, da sie von diesen innerhalb weniger Jahre überwuchert werden.

Chamaecyparis pisifera *'Nana Aureovariegata' ist sehr kompakt und wächst langsam. Innerhalb von zehn Jahren werden Ausmaße von etwa 2,5 x 3,7 m erreicht.*

Kombinationen aus großen Nadelbäumen

Im Gartencenter ist eine große Auswahl der beliebten Nadelbaumsorten erhältlich. Darüber hinaus gibt es eine Reihe weniger verbreitete Arten, nach denen sich die Suche durchaus lohnt. Man findet sie in Baumschulen, die sich auf Nadelbäume spezialisiert haben, oder kann sie mit Hilfe spezieller Gartenbau-Gesellschaften oder Veröffentlichungen über ungewöhnliche Pflanzen ausfindig machen. Enthusiasten, die sich auf eine bestimmte Pflanzenart spezialisiert haben, gestalten oft einen Teil des Gartens oder sogar den ganzen Garten mit ihrer Kollektion. Größere Nadelbäume können als Arboretum in einer Rasenfläche angelegt werden. Auch als Hintergrundgestaltung in Mischbeeten mit mittelgroßen Koniferen, Heidekraut, Gräsern etc. finden sie Verwendung. Mit der Pflege seltener und wertvoller Pflanzen sollte man sich besonders viel Mühe geben, weil solche Pflanzen nur schwer – manchmal auch gar nicht – zu ersetzen sind. Bereiten Sie den Boden sorgfältig vor und binden Sie aufrechte Sorten die ersten Jahre an einen Pfahl, damit sie gerade wachsen. Neu gepflanzte Bäume müssen oft gegossen werden. Jedes Frühjahr wird gemulcht, damit die Wurzeln feucht bleiben und die Zweige nicht braun werden. Ein spezieller Dünger für Nadelbäume ist zu empfehlen. Idealerweise sollte er Fischmehl oder Seetang enthalten. Das liefert die nötigen Spurenelemente für eine vollständige Farbstoffentwicklung.

Abies koreana *'Silberlocke', die Korea-Tanne, hat silbrig glänzende Nadelunterseiten. Die Nadeln kräuseln sich nach oben, so dass ein interessanter Zwei-Farben-Effekt entsteht. Der Baum wird innerhalb von zehn Jahren etwa 1,5 m hoch.*

Chamaecyparis lawsoniana *'Wissels Saguaro' ist eine seltene, säulenförmige Konifere mit dicht gepackten Nadeln. Sie wird in zehn Jahren bis zu 1,5 m hoch.*

Links: Cryptomeria japonica *'Cristata': Dieser Busch wird in zehn Jahren bis zu 3 m hoch. Stellenweise bilden sich flache Spitzen an den Trieben, die sich zu grünen Büscheln entwickeln.*

Links: Cedrus libani *'Sargentii', die Libanon-Zeder, kann sich auf zweierlei Arten entwickeln. Wenn man sie an einen Pfahl bindet, entsteht ein anmutig herabhängender Baum. Lässt man sie kriechen, wird sie zum Bodendecker. Guter Boden und viel Sonne sind wichtig.*

Sequoiadendron giganteum *'Glaucum' ist ein seltener, schmaler Nadelbaum mit blaugrauen, peitschenschnurartigen Nadeln. An einem gut drainierten, sonnigen Standort wird der Baum in zehn Jahren knapp 4 m hoch.*

Pinus *x* schwerinii *ist eine seltene Sorte, die wegen ihrer langen, elegant herabhängenden Nadeln gezüchtet wurde. In zehn Jahren wird der Baum bis zu 4,5 m groß.*

Sciadopitys verticillata *(Schirmtanne) hat lange, strahlenförmig angeordnete Nadeln. Anfangs wächst sie extrem langsam, dies kann sich aber mit den Jahren ändern.*

Silbertannen

Erwähnen Sie Tannen (*Abies*), stellen sich die meisten Menschen ganze Wälder mit riesigen, für den Verkauf bestimmten Bäumen vor. Aber zu dieser Familie gehören auch dekorative kleine bis mittelgroße Arten für den Garten. Viele haben die traditionelle Christbaumform – aufrecht, konisch, mit in Reihen angeordneten Ästen –, aber es gibt auch kleinere, kompakte Arten mit dichtem, buschigem Nadelwerk. Wahre Prunkstücke für jeden Garten sind die Zwergformen der Familie und die Korea-Tannen. Die meisten Tannen sehen als junge Pflanzen am schönsten aus. Im Alter verlieren die aufrechten Arten zum Teil von Natur aus die unteren Astreihen. Das kann auch den Vorteil haben, dass wieder mehr Licht und Luft nach unten durchdringt und Platz für Neuanpflanzungen entsteht. Kriechende und buschige Zwergarten dagegen entwickeln sich wie alle anderen Zwergnadelbäume und behalten ihre Nadeln. Große und mittelgroße Tannenarten eignen sich gut für Waldpflanzungen, da sie natürlicherweise im Forst vorkommen. Man kann sie mit Nadel- und Laubbäumen kombinieren. Besonders gelungen wirkt eine Kombination mit Laubbäumen, wie Ahorn, deren Blätter sich im Herbst kräftig färben. Für Rabatten und Heidebeete nimmt man besser kleine Sorten. Einige Zuchtformen, zum Beispiel *Abies koreana*, haben auffällige Zapfen. Diese stehen bei den Tannen auf dem Ast nach oben, im Gegensatz zu anderen Nadelbäumen, wo sie nach unten hängen. Die Zapfenbildung beginnt schon bei recht jungen Bäumen, nicht erst nach vielen Jahren, wie bei den meisten anderen Nadelbäumen. *Abies koreana* hat violette Zapfen, von denen oft Harz herabtropft. Dieses Merkmal bereichert besonders kleine Gärten. Tannen bevorzugen einen tiefen, feuchten, leicht sauren Boden. Die meisten Arten vertragen aber auch flache, sehr kreidehaltige Bodenschichten, die im Sommer sehr trocken sind.

***Oben:** Einer der Zwerge aus der Familie,* Abies balsamea *'Nana', hat eine gleichmäßige, kugelige Form mit gekräuseltem Nadelwerk, dessen neu austreibende Spitzen im Frühsommer hellgrün leuchten. Die Pflanze bleibt recht klein (30 cm Höhe und Durchmesser in zehn Jahren).*

Abies balsamea hudsonia: *Diese Zwergtanne mit abgeflachter Spitze und dichtem Nadelwerk wächst sehr langsam.*

Links: Abies koreana *'Silberlocke' ist eine veredelte Form der Korea-Tanne (die als junger Baum etwas langstielig sein kann). Violette Zapfen, silbrig glänzende Nadelunterseiten und ein dichter, kompakter Wuchs machen die Pflanze so attraktiv.*

Abies koreana *'Silberlocke' ist die silberne Variante der bekannten Korea-Tanne. Die silbern glänzenden Nadelunterseiten geben dem Baum einen interessanten zweifarbigen Schimmer.*

Unten: Abies concolor *'Glauca Compacta', ein unregelmäßiger Busch, hat silberblau gefärbte Nadeln. Am schönsten und kräftigsten sind die jungen Triebe gefärbt, die im Frühsommer sprießen. Der langsam wachsende, von Natur aus stahlblaue Baum wird in zehn Jahren etwa 1 m hoch, aber manche Exemplare können im ausgewachsenen Zustand bis zu 2,5 m erreichen.*

Anmutige Zedern

Zedern sind pflegeleichte Nadelbäume, die von Natur aus auffällige Formen haben. Die meisten der bekannten Arten, wie *Cedrus atlantica* 'Glauca' und *C. deodara* 'Aurea', entwickeln sich zu imposanten Bäumen, ideal als Einzelexemplare in Rasenflächen oder in einem Teppich von Bodendeckern. *C. atlantica* 'Glauca Pendula', eine schwache, hängende Art, wird manchmal an den Pfosten der Pergola oder am Geländer der Gartentreppe entlang gezogen. Dies ist eine attraktive Art, die Sorte zu kultivieren. Als frei stehender Baum gezogen, hat diese Art anmutig herabhängende Zweige und wird breiter als hoch. Einige kompakte Zedernzüchtungen eignen sich für Steingärten, aber sie sind nicht in allen Gartencentern erhältlich. Zedern bevorzugen gut drainierte Böden, tolerieren aber auch tonige Böden, wenn Kies oder organisches Material untergemischt wird, um die Luftzirkulation und den Wasserablauf zu garantieren. Sie sollten nicht an extrem windigen Stellen stehen. In exponierten Lagen kann es vorkommen, dass vor allem die jungen Pflanzen viele Nadeln verlieren und etwas kahl aussehen, bis das Wachstum wieder einsetzt. Eine der Hauptattraktionen bei den Zedern ist die brillante Färbung der jungen Triebe im Frühling. Bläulich graue oder blaugrüne Züchtungen haben hellblaue Farbakzente, während die goldenen Arten hell leuchtende Triebspitzen bekommen, die der ganzen Pflanze ein besonderes Aussehen verleihen. Bei pyramidenförmigen Bäumen dringt nach einigen Jahren kaum noch Licht durch, so dass darunter nicht angepflanzt werden kann. Es sammeln sich viele alte Nadeln unter den älteren Bäumen, sie wirken wie eine Mulchschicht und tragen mit dem undurchdringlichen Schatten dazu bei, dass unter Zedern kein Unkraut wächst.

Rechts: *Die jungen, frischgrünen Frühlingstriebe des* Cedrus deodara *lassen das Nadelwerk funkeln. Die goldene Art 'Aurea' ist kleiner, niedriger und eignet sich besser für mittelgroße Gärten.*

C. deodara *'Golden Horizon' ist eine der wenigen Zedernarten mit einer buschförmigen Gestalt.*

Rechts: *Ältere Exemplare von* Cedrus atlantica *'Glauca' bilden mittelgroße Zapfen, die zwischen den dichten Nadeln aufrecht nach oben stehen und den Baum zusätzlich schmücken.*

Links: Cedrus atlantica *'Glauca' ist eine beliebte Art. Der blaugrüne Baum hat eine ausladende Form, denn seine Zweige wachsen nach oben und außen.*

C. a. *'Glauca Pendula' lässt sich entlang der Seitenstränge und Bögen einer Pergola ziehen, wenn man den Stamm an starke Pfähle bindet. Ansonsten entwickelt sie sich zu einem kriechenden Bodendecker.*

Mittelgroße Schein-zypressen

Wenn Sie nach außergewöhnlichen Einzelexemplaren Ausschau halten, sind die aufrechten, mittelgroßen Scheinzypressen ideal. Wählen Sie Pflanzen mit Charakter aus – schöne, möglicherweise architektonische Formen –, die für sich allein oder in kleinen Gruppen im Gras, in einem Heidebeet, in einer Hintergrundspflanzung oder beiderseits eines Weges ihre Wirkung entfalten. Für durchschnittlich große Gärten lohnt es sich, langsam wachsende Arten auszusuchen, die nicht allzu groß werden und lange zu ihrer Umgebung passen. Diese *Chamaecyparis*-Arten sind mit leidlich guten Böden zufrieden und brauchen nicht die speziellen Bedingungen wie andere Steingarten-Zwergformen. Eine sonnige Stelle ist wichtig, denn sonst wächst die Pflanze schwach und langsam statt frisch und kräftig und farbige Sorten können nicht genug Farbstoff entwickeln. Gelegentliche Gaben von flüssigem Seetang im Frühling und Frühsommer helfen bei der Farbentwicklung auch an einem sonnigen Standort. Pflanzen, die natürlicherweise eine besondere Wuchsform haben, eignen sich am besten als einzeln stehende Exemplare. Gleichmäßige, aufrechte Säulen, wie *Chamaecyparis lawsoniana* 'Green Pillar' und die dunkelgrüne Sorte 'Elwoodii' mit dem auswärtsgebogenen Gipfel wirken eher formell. Die auffälligen, turmförmigen *C. lawsoniana* 'Little Spire' und *C. obtusa* 'Tetragona Aurea' lockern jeden Pflanzenteppich auf. Einen dramatischen Eindruck hinterlässt die hängende Form *C. nootkatensis* 'Pendula'. Wo eine eher geometrische, konische oder flammenförmige Pflanze gebraucht wird, ist die blassblaue *C. lawsoniana* 'Stewartii' oder eine der mittelgroßen, goldenen Züchtungen von *C. lawsoniana* ideal. *C. lawsoniana* 'Lanei' hält erwiesenermaßen im Winter die Farbe am besten. Jedoch ein guter Nadelbaumspezialist wird Ihnen auch eine breite Auswahl weniger bekannter Arten anbieten können.

Rechts: *Die goldenen, filigranen Zweige der* Chamaecyparis pisifera *'Golden Mop' sind ein richtiger Blickfang, besonders neben herbstlich gefärbten Laubbäumen. Der Baum braucht ein sonniges Plätzchen.*

C. lawsoniana *'Columnaris Glauca' ist eine blaugrüne Sorte mit einer langgestreckten, säulenförmigen Gestalt. Innerhalb von zehn Jahren wird sie 2,5–3 m hoch und etwa 1 m breit.*

Chamaecyparis pisifera *'Filifera Nana' hat grüne Nadeln und wächst sehr langsam zu einem kleinen bis mittelgroßen, kuppelförmigen Busch mit abgeflachter Spitze heran. Die golden gefärbte Sorte 'Filifera Aurea' sieht aus wie ein kleiner Busch aus peitschenschnurartigen, hellgelben Zweigen. Die grüne Sorte wächst um einiges schneller, hat aber dasselbe Nadelmuster.*

Rechts: *Obwohl sie als Zwergnadelbaum verkauft wird, ist* Chamaecyparis obtusa *'Tetragona Aurea' nur ein „Spätzünder". Mit zehn Jahren hat der Baum eine Höhe von etwa 1 m und kann durchaus noch stolze Höhen erreichen, wie die Abbildung zeigt.*

Chamaecyparis *'Ellwood's Gold' hat einzigartige, gleichmäßige, goldene Nadelspitzen.*

Oben: *Auch im Winter verliert* Chamaecyparis lawsoniana *'Lanei' ihren goldenen Schimmer nicht. Die goldene Färbung ist an den Triebspitzen am stärksten.*

Unten: *Die flammenförmigen, sattgrünen Exemplare der* Chamaecyparis lawsoniana *'Ellwoodii' mit ihren fransigen Gipfeln passen hervorragend zu modernen Gebäuden, Steinskulpturen und in Heidebeete.*

Kompakte Scheinzypressen

Viele Zwergnadelbäume werden extra für Steingärten und als Topfpflanzen verkauft. Aber aus gutem Grund sind nur wenige so beliebt wie die kompakten Scheinzypressen. Wegen ihrer festen, spitzen Nadeln, ihres fast unmerklichen Wachstums und des entzückenden Aussehens der Zwergpflanzen werden sie so gerne genommen. Für eine gesunde Entwicklung brauchen sie jedoch einen einigermaßen guten, nährstoffreichen Boden. Er sollte nicht staunass, trotzdem immer feucht, und im Sommer niemals ganz ausgetrocknet sein. Bedenken Sie, dass die Pflanzensorten, die zusammen mit *Chamaecyparis* angepflanzt werden, ebenfalls feuchten Boden vertragen sollten. Enzian, Moossteinbrech, Alpenveilchen und Zwergglockenblume, Küchenschelle und Alpenphlox passen gut dazu. Vermeiden Sie Steingartenpflanzen, die sich schnell ausbreiten und die kleinen Nadelbäume überwuchern. Ungeeignet sind Zwergtulpen oder andere Frühlingsarten, die sich aus Blumenzwiebeln entwickeln, denn sie brauchen während der Sommerruhe trockene Bedingungen, sonst verrotten sie. Im Steingarten sollten Sie viel gut verrottetes, organisches Material ins Pflanzloch der Zwerg-Scheinzypresse geben. Während der ersten Saison muss sie regelmäßig gegossen werden, bis sie gut eingewurzelt ist. Danach muss nur noch in trockenen Perioden Wasser zugeführt werden. Als Topfpflanzen brauchen Zwergarten der *Chamaecyparis* eine hochwertige Erdmischung – am besten auf Humusbasis, dann kann man sie einige Jahre im Topf lassen. Es ist aber sinnvoll, die obere Erdschicht (2–3 cm) jedes Frühjahr zu erneuern. Halten Sie die Pflanzen gut feucht und düngen Sie sie während der Wachstumsperiode (Ende des Frühjahrs bis Spätsommer) regelmäßig mit einem guten Generaldünger.

Oben: *Diese „Kugel", eine wohlgeformte* Chamaecyparis lawsoniana *'Minima', taucht förmlich aus dem Heidekraut auf. Solche auffällig geformten Koniferen ziehen viele Blicke auf sich.*

C. lawsoniana *'Minima Aurea' wächst langsam. Die dicht gepackten, ziemlich quirlig aussehenden goldenen Nadeln bilden einen lebhaften Kontrast zum dunkelgrünen Inneren des Busches. Die goldene Farbe verblasst auch im Winter nicht.*

C. thyoides *'Andelyensis', eine sehr dichte Pflanze mit flammenförmigen Trieben an der Spitze.*

Blühende Nadelbäume

Chamaecyparis lawsoniana *'Little Spire' mit ihrem bizzaren Wuchs ist im Frühling mit hellroten männlichen Blüten übersät.*

Oben: Chamaecyparis pisifera *'Nana' ist klein und kuppelförmig. Als Steingartengewächs ist sie eine ideale Kombination zu ähnlich bescheidenen Pflanzen.*

Oben: Chamaecyparis obtusa *'Nana Gracilis' ist wohl der am häufigsten zu findende und beliebteste kompakte Nadelbaum.*

C. obtusa *'Nana Lutea' behält ihre leuchtend goldene Färbung auch im Winter. Ansonsten gleicht sie der Variante 'Nana Gracilis'.*

C. pisifera *'Nana' hat weiche, fast lockige Zweige und bildet ein makelloses Polster.*

Diese gekräuselten, tiefgrünen, überlappenden Fächer sind das typische Merkmal der Chamaecyparis obtusa *'Nana Gracilis'.*

„Bonsai-Nadelbäume“

Einige Nadelbaumarten werden schon in langer Tradition in der japanischen Bonsai-Kunst verwendet. Kiefer, Lärche und Bergkiefer, sowie Wacholder, Sicheltanne, Zeder und einige weitere gehören dazu. Mehrere Jahre lang werden Wurzeln und Zweige beschnitten und zum Teil der ganze Baum verdrahtet, um ihn am Wachstum zu hindern und so zu einem uralt wirkenden Miniexemplar werden zu lassen. Will man die Bonsai-Zucht richtig betreiben, braucht man sehr viel Hintergrundwissen, Liebe und Sorgfalt. Durch Schneiden kann man die natürlichen Merkmale nahezu jedes Nadelbaumes hervorheben oder ihm eine interessante Form geben. Am einfachsten ist dies bei Zwergnadelbäumen, aber auch mit großen Nadelbäumen, kann man arbeiten. Wenn Sie allerdings beim Schneiden pfuschen, kann das Ergebnis nicht verheimlicht werden! Als Erstlingswerk empfehlen wir eine Pflanze, die schon vor dem Schnitt eine interessante Form hat – vielleicht eine schiefe Pflanze aus dem Gartencenter oder eine Sorte mit ungleichmäßiger Wuchsform. Man kann entweder die Zweige der Pflanze ausdünnen, um die eigentlich zugrunde liegende Gestalt zu betonen, oder die gesamte Form verändern. Nadelbäume mit sehr dichtem, festem Nadelwerk, können sogar zu Pflanzenornamenten – Kuppel, Spirale, Pfau – umgestaltet werden. Um ein gutes Ergebnis zu erzielen, sollte man sich jedoch nicht zu weit von der Grundform der Pflanze entfernen. Außerdem sollte darauf geachtet werden, dass die Pflanze eine ausgewogene Gestalt bekommt.

Chamaecyparis obtusa *'Nana Gracilis', eine kompakte Zuchtform, ist ideal zur Bonsai-Herstellung. Da Zwergkoniferen sehr langsam wachsen und Fehler lange zu sehen sind, muss gut überlegt werden, was weggeschnitten wird.*

1 *Nehmen Sie einen frostfesten Terracottatopf mit exotischem Muster, um die Bonsai-Note zu unterstreichen. Das Drainageloch wird abgedeckt und ein Teil der Erde eingefüllt.*

2 *Wählen Sie eine von Natur aus „zerklüftete“ Pflanze und setzen Sie diese in die Mitte. Sie muss nicht unbedingt aufrecht stehen, da eine leichte Neigung oft natürlicher wirkt.*

3 *Die Pflanze wird kräftig gegossen, damit sich die Erde gut um die Wurzeln verteilt. Sollte die Erde ringsum einsinken, werden die Lücken wieder aufgefüllt und bewässert.*

4 *Schauen Sie sich die Gestalt der Pflanze gut an. Überlegen Sie genau, was Sie verändern wollen. Benutzen Sie eine spitze Schere und schneiden Sie jedes Mal nur wenig.*

5 Entfernen Sie zunächst nur kleine Bereiche und arbeiten Sie langsam auf die gewünschte Form hin. Nach jedem Schnitt sollten Sie die Wirkung von Weitem betrachten.

6 Um zu entscheiden, welche Zweige entfernt werden sollen und welche nicht, können Sie versuchen, die Zweige mit einem Blatt Papier „auszublenden“.

7 Der „Bonsai“ entsteht Stück für Stück. Lassen Sie sich Zeit. In der Ruhe liegt die Kraft. Hier hat die Pflanze eine Form wie ein Pfau. Das muss nicht so bleiben.

8 Dünnen Sie die Zweige weiter aus, bis Sie mit Ihrem Werk zufrieden sind, aber schneiden Sie am Anfang nicht zu viel ab. Es dauert Jahre, bis eine hässliche Lücke zuwächst.

Die meisten Nadelbäume haben den Wachstumsschub für das gesamte Jahr im Frühling. Um diese Zeit muss der Bonsai jedes Jahr zurückgeschnitten werden, um ihn in Form zu halten. Überflüssige Triebe können aber zu jeder Zeit entfernt werden.

9 Das Ergebnis ist eine attraktive Pflanze mit einer außergewöhnlichen Gestalt. Die Grundform der Pflanze wurde klar herausgearbeitet.

Kugel- und Buschzypressen

Unten: Chamaecyparis lawsoniana *'Green Globe' ist eine der kleinsten Sorten in der Familie. Sie hat eine regelmäßige, runde Form. Schneiden Sie alle überstehenden Zweige weg, um die perfekte Kugel zu erhalten.*

In eher zwanglosen Arrangements, wie großen, begehbaren Steingärten, kleinen Beeten und Rabatten oder einer Nadelbaumgruppe, wo viele unterschiedliche Formen gefragt sind, wird der Ruf nach einem kompakten, charaktervollen Nadelbusch laut. *Chamaecyparis pisifera* 'Boulevard' als aufrechter oder liegender Busch, aber auch *Chamaecyparis pisifera* 'Filifera Aurea', werden die Blicke auf sich ziehen. Kombinieren Sie diese mit furchigen Kiefernstämmen, Bambus, tiefblauen oder grünen Blattpflanzen, um gute Effekte zu erzielen. Junge Pflanzen eignen sich auch als Topfpflanzen für den Innenhof. Atemberaubend schön ist *Chamaecyparis thyoides* 'Rubicon'. Seine weinroten Stängel schimmern durch das wacholderartige, zart malvenfarbene Nadelwerk, das im Winter zu einem zinnfarbenen Ton nachdunkelt.

Kugel-Scheinzypressen sind sehr beliebt, besonders die kompakten Arten, wie *Chamaecyparis lawsoniana* 'Green Globe', die für Steingärten verwendet werden. Weitere Züchtungen sind weniger bekannt. *Chamaecyparis pisifera* 'Squarrosa Sulphurea' hat fedrige, schwefelgelbe Nadeln, die im Winter zu hellem Khaki verblassen. Verschiedene Farbkombinationen sind möglich. Für ein Ton-in-Ton-Arrangement kombiniert man violette oder malvenfarbene Blumen mit *Chamaecyparis thyoides* 'Rubicon'. Starke Kontraste erzielt man durch Komplementärfarben, z. B. in der Kombination von hellroter Rhodohypoxis mit moosgrüner *Chamaecyparis lawsoniana* 'Green Globe'. Pflanzen Sie Charakter-Scheinzypressen nicht an Stellen, die im Sommer ganz austrocknen und geben Sie ihnen als Nachbarn keine Pflanzen, die sie überwuchern, beschatten oder ihre typische Farbe und Form ruinieren.

Unten: Chamaecyparis pisifera *'Sungold' wirkt am besten neben Pflanzen mit auffälliger Rinde, z. B. Kiefer und Birke.*

Links: Chamaecyparis-thyoides-*Züchtungen haben von Natur aus eine lilagraue Färbung, die am stärksten bei der seltenen Sorte 'Heather Bun' betont ist. In einem Heideteppich sieht dies wunderschön aus.*

***Unten:** Golden gefärbte Nadelbäume sorgen neben ihrer auffälligen Gestalt noch durch Lichteffekte für Abwechslung, z. B.* Chamaecyparis lawsoniana *'Pygmaea Argentea'. Sie wird in zehn Jahren nur 30 cm groß.*

Rechts: Chamaecyparis pisifera *'Boulevard' hat weiche, blaugrüne Nadeln. Man sollte sie nicht beschneiden, da sie eine der wenigen Koniferenarten ist, die dadurch leicht eingeht.*

Sicheltannen

Die Sicheltannen (*Cryptomeria japonica* und ihre Zuchtformen) stammen ursprünglich aus Japan und China. Einige Sorten wachsen von Natur aus in einer Form, die an Pagoden erinnert. Deshalb eignen sie sich gut für exotische Gärten, wo sie mit Zwergkiefern und Japanischem Ahorn inmitten von Kieselsteinen oder geharktem Sand ein gutes Bild abgeben. Darüber hinaus passen sie zu den meisten anderen Nadelbäumen und immergrünen Pflanzen, denn ihre ungewöhnlichen Formen und ihre dicht gepackten Nadeln, oft kombiniert mit feuerroten oder bronzenen Farben oder mit Herbstfärbung, geben auf jeden Fall einen guten Kontrast zu ihren Nachbarn ab. Rötliche oder bronzefarbene Züchtungen lassen sich wunderbar mit Heidekraut kombinieren. Die weichen, fedrigen Nadeln der Sicheltannen harmonieren sehr gut mit dem Laub der Heidegewächse. Kombiniert mit tiefrot blühenden Heidearten und solchen mit rotem, orangenem oder goldenem Laub entstehen hübsche Rabatten. *Cryptomeria* braucht dieselben Bedingungen wie die meisten Heidearten, sauren Boden und viel Sonne, so dass sie von Natur aus ideale Partner sind. Die beliebteste Sorte ist *Cryptomeria japonica* 'Elegans', ein schöner, aufrechter Baum, der innerhalb von zehn Jahren 2 m hoch wird. Die Äste sind zunächst in Stockwerken angeordnet, wie eine Hochzeitstorte, später füllen sich die Lücken mit dichtem Nadelwerk. Die meisten anderen Zuchtformen sind jedoch viel kleiner. Einige sind kompakt genug für Steingärten und Hochbeete. Da die Pflanzen trockene Böden nicht vertragen, sollte beim Einpflanzen viel gut verrottetes, organisches Material unter die Erde gemischt werden. Als Topfpflanzen eignen sie sich nur, wenn Sie sehr große Sorgfalt auf das Gießen verwenden. Sonst trocknen sie aus und sterben ab. Sogar im Freien können die Nadeln braun werden und der Baum verkümmert, wenn der Boden nicht feucht genug ist. Allerdings sind auch zu nasse Standorte nicht zu empfehlen.

Cryptomeria japonica *'Bandai-Sugi', eine sehr auffällig gemusterte, langsam wachsende Zwergform, bekommt mit zunehmendem Alter eine ziemlich unregelmäßige Form.*

Cryptomeria japonica *'Globosa Nana' hat eine abgeflachte Kuppelform.*

Links: Cryptomeria japonica *'Globosa Nana' hat sehr feste, regelmäßige Zweige in Hügelform. Da sie sehr langsam wächst, passt sie gut an den Rand eines Steingartens oder an die Ecke einer Rabatte.*

Oben: Cryptomeria japonica *'Spiralis' hat spiralig angeordnete Nadeln, die junge Pflanzen fast wie eine Perücke aussehen lassen. Wenn sie austrocknet, werden einige Äste braun.*

Cryptomeria japonica *'Lobbii' wurde um 1850 von Thomas Lobb entdeckt. Im Gegensatz zu den starken Ästen hängen die Spitzen schlaff herab.*

Oben: Cryptomeria japonica *'Sekkan-Sugi' hat bleiche, fedrige Nadeln und entwickelt sich allmählich zu einem dichten, mittelgroßen bis großen Busch – ein guter Kontrast zu dunklen immergrünen Pflanzen, zu Heidekraut und zu den roten Ästen von Hartriegel.*

Cryptomeria japonica *'Sekkan-Sugi' hat spärliches Nadelwerk.*

Wacholder für den Steingarten

Oben: Juniperus squamata *'Blue Star' ist als junge Pflanze ein sternförmiger Busch. Mit dem Alter entwickelt er sich zu einer langsam wachsenden, bodendeckenden Matte.*

Da Wacholder relativ langsam wächst, kann man ihn einige Jahre im Topf ziehen, bevor er in den Garten umgepflanzt werden muss. Mit einer harmonischen Gruppe von getopften Wacholderpflanzen – sogar mit Arten, die einmal sehr groß werden – lassen sich für einige Zeit gepflasterte Flächen oder, wenn man die Töpfe bis zum Rand in der Erde versenkt, auch Hochbeete und Steingärten dekorieren. Sind die gewählten Standorte nur vorübergehend, müssen die Wacholderpflanzen im Topf bleiben, denn sie vertragen es nicht, versetzt zu werden. Eine breite Auswahl von Züchtungen mit interessanten Formen und Farben machen es leicht, eine Gruppe zusammenzustellen, die das ganze Jahr über schön aussieht. Durch Saisonpflanzen lässt sich die Anpflanzung noch bereichern. Für Dauerpflanzungen bei knappem Platzangebot, im Hochbeet und im Steingarten, sollten Sorten verwendet werden, die sehr langsam wachsen oder von Natur aus sehr klein und kompakt bleiben, da Wacholder nicht zurückgeschnitten werden kann. *Juniperus communis* 'Compressa', *Juniperus squamata* 'Blue Star' und 'Meyeri' eignen sich dafür am besten. Sie geben das ganze Jahr einen guten Hintergrund für das wechselnde Bild in einem Steingarten ab. Für Abwechslung sorgen hier Mauerpfeffer, Steinbrech und Hauswurz. Wuchernde Pflanzen, die umliegende Pflanzen verdrängen, sollten Sie nicht einpflanzen.

Wacholder braucht volle Sonne und leidet sofort darunter, wenn er von Bodendeckern oder Unkraut erstickt wird. Kriechende bodendeckende Wacholdersorten machen sich gut, wenn sie über den Rand eines Hochbeetes oder einer Trockenmauer hängen oder eine Treppe einsäumen.

Blumenzwiebeln und Zwergnadelbäume

Zwergnadelbäume und Steingartengewächse sind schwierig mit Blumenzwiebeln zu kombinieren, da letztere in ihrer Ruhephase absolute Trockenheit brauchen. Koniferen dagegen müssen immer feucht gehalten werden. Am besten versenkt man die Blumenzwiebeln, vorzugsweise Zwergarten, mitsamt einem Topf an einer passenden Stelle im Pflanzgefäß. Wenn sie verblüht sind, kann man sie leicht entfernen.

Juniperus squamata *'Blue Star', ein dichter, ziemlich stacheliger Busch mit spitzen, stahlblauen Nadeln, wird in zehn Jahren etwa 45 x 45 cm groß.*

Juniperus communis *'Compressa' ist einer der genügsamsten und beliebtesten Steingarten-Nadelbäume. Auch in beträchtlichem Alter wird er kaum größer als 1 m. Der gleichmäßige, aufrechte Kegel hat dichtes, festes Nadelwerk.*

Oben: Juniperus communis *'Compressa' ist ideal für Steingärten. Er verträgt magere Böden, trockene Hitze und wächst sehr langsam. Innerhalb von zehn Jahren wird der Baum mit der perfekten kegelförmigen Gestalt etwa 50 cm groß.*

Wacholder im Trog

Für die Trogpflanzung wählt man kompakte, langsam wachsende Arten, wie 'Blue Star' und 'Compressa'. Das Drainageloch am Boden des Troges wird abgedeckt und ein Teil der Erdmischung auf Humusbasis eingefüllt. Der Wacholder wird aus dem Topf genommen und zusammen mit trockenheitsliebenden Steingartengewächsen eingepflanzt, die die Lücken ausfüllen und zum Teil über den Rand hängen.

Rechts: Juniperus squamata *'Meyeri' ist eine andere raue, aber attraktive Züchtung. Der kleine Busch mit den drahtigen Nadeln eignet sich perfekt für Innenhöfe, Stein- und Kiesgärten.*

Wacholder als Bodendecker

Die Wacholdergewächse sind eine große, vielseitige Nadelbaumgattung mit hochwachsenden, aufrechten Vertretern, kompakten flammenförmigen, niedrig bleibenden und sogar kriechenden, bodendeckenden Sorten. Ihre Farbpalette reicht von Grün über Gold bis hin zu Grau und Blau in verschiedenen Schattierungen. Sie kommen mit mageren, trockenen Böden aus, ohne braune Nadeln zu bekommen. Deshalb eignen sie sich für „schwierige" Standorte, wie magere, steinige Böden, Steingärten, Hochbeete und Dämme, Innenhöfe, Lücken zwischen Pflastersteinen und in Pflanzcontainern, an denen andere Nadelbäume längst aufgeben. Die niedrigen Wacholdersorten sind nur bedingt als Bodendecker geeignet. *Juniperus* x *media*-Arten haben eine faszinierende, abstrakte Form und wirken gut in kleinen Beeten im Innenhof, abgesetzt gegen Fliesen, oder in einem Kiesbeet mit ähnlich „hartem" Hintergrund. Pflanzen Sie diese Arten in Beete mit einem Teppich aus niedrigen Heidearten und immergrünen Bodendeckern mit glänzenden Blättern wie *Gaultheria procumbens* oder zusammen mit großen aufrechten Arten wie *Juniperus scopulorum* 'Skyrocket', Birken oder Kiefern. Oder gestalten Sie eine interessante Gruppe mit einer der extrem flachen, kriechenden *Juniperus-horizontalis*-Züchtungen. Obwohl er magere Bedingungen verträgt, wächst Wacholder auch in guten Böden.

Oben: Juniperus communis *'Effusa' ist nicht so verbreitet wie die bekannten konischen Arten. Die überaus attraktive Sorte wurde wegen ihrer gleichmäßigen und wohlgeordneten, niedrigen Wuchsform gezüchtet.*

Die Nadelunterseiten von Juniperus communis *'Effusa' schimmern silbrig.*

Juniperus horizontalis *'Andorra Compacta': Einmal angewachsen bildet der Bodendecker ein dichtes Polster, das Unkraut unterdrückt. Abfallende Nadeln, die sich unter der Pflanze ansammeln, wirken zusätzlich gegen das Auskeimen von Samen und wie eine natürliche Mulchschicht.*

Oben: *Wacholder ist dafür bekannt, dass er mit unwirtlichen, heißen und trockenen Bedingungen zurecht kommt. Kriechende Arten, wie* Juniperus horizontalis, *eignen sich hervorragend als Begrenzung zwischen einer Rabatte und einem Kiesweg.*

Oben: *Wie man sieht, sind kriechende Wacholderarten als schönes, pflegeleichtes Verbindungselement zwischen verschiedenen Gartenteilen, z. B. Weg und Rasen, einsetzbar.* Juniperus squamata *'Blue Carpet' eignet sich besonders für „schwierige" Standorte in der prallen Sonne.*

Juniperus davurica expansa *'Variegata', eine Zwergzüchtung mit dicken, waagrechten Ästen entwickelt sich im Laufe der Zeit zu einem niedrigen, den Boden bedeckenden „Hügel". In zehn Jahren wird die Pflanze 30 cm hoch und 1 m breit. Im Nadelwerk treten hier und da cremeweiße Büschel auf.*

Juniperus horizontalis *ist eine beliebte kriechende Wacholderart. Es gibt verschiedenfarbige Züchtungen. Alle Sorten halten extreme Hitze, Trockenheit und Kälte aus, ohne dass die Nadeln braun werden. Die Pflanzen eignen sich sehr gut für problematische Standorte und Trockenmauern.*

Mittelgroße Wacholder

Wacholderarten, die innerhalb von zehn Jahren 1–2 m groß werden, sind zu groß für kleine Steingärten und Hochbeete. Auch in ihre Töpfe passen sie in ein paar Jahren nicht mehr. In normalen Gärten jedoch bietet sich Wacholder an, wenn eine größere Pflanze gebraucht wird, die nicht zu schnell wächst. Verwenden Sie mittelgroße Sorten für Dämme, felsigen Untergrund, Kiesgärten oder als Hauptpflanze in Gärten mit sandigen oder kiesigen Böden. Da Wacholder auch unter besseren Bedingungen – ausgewähltere Nadelbaumarten brauchen unbedingt solche Standorte – gedeiht, können Sie ihn auch in Gärten mit immergrünen Pflanzen oder mit Heidekraut und Nadelbäumen ziehen. Einige der besten Sorten in der mittleren Größenordnung haben interessante Formen und Nadelstrukturen, *Juniperus communis* 'Gold Cone' zum Beispiel, ein schmaler, aufrechter Baum, der fast wie eine schlanke, säulenförmige, goldene Eibe aussieht. Das Nadelwerk ist verblüffend ähnlich. *Juniperus communis* 'Golden Showers' hat sehr weiche Nadeln und ist flammenförmig. *Juniperus media* 'Plumosa Aurea' ist ein unregelmäßiger, offener Busch mit fedrigen, goldgrünen Nadeln. Die bekannteste schmale, gerade Wacholderart ist *Juniperus scopulorum* 'Skyrocket' mit stahlblau bis grau gefärbten Nadeln. Eine ähnliche Form, aber mit dichten, dunkelgrünen Nadeln, hat *Juniperus communis* 'Hibernica'. Beide wachsen langsam und werden in zehn Jahren 2–2,5 m groß. Sie wachsen zwar weiter, brauchen aber nicht mehr Platz. Ihre kontrastreiche Gestalt macht sie zusätzlich attraktiv. Sollte tatsächlich einmal ein Wacholderbaum zu groß werden, kann man ihn einfach regelmäßig schneiden. Wenn er endgültig zu groß ist, ersetzen Sie ihn lieber, ehe er eingeht.

Oben: *Wacholder gibt es in allen Farben und Formen.* Juniperus chinensis *'Kuriwao Gold' ist ein unregelmäßiger Busch mit kecken, goldenen Sprenkeln, der gut zu aufrechten und kriechenden Arten passt.*

Juniperus *x* media *'Pfitzeriana Aurea'*

Juniperus chinensis *'Kuriwao Gold'*

Rechts: Juniperus scopulorum *'Skyrocket' schießt förmlich in die Höhe. Die lang gestreckte Form wirkt noch beeindruckender, wenn die Bäume in Dreier- oder Fünfergruppen in einer großen Anpflanzung stehen. Stimmen die Bedingungen, wird diese Art in zehn Jahren 3,5–4 m oder größer, obwohl sie auf mageren, trockenen Böden langsamer wächst.*

Juniperus scopulorum *'Skyrocket'*

Oben: *Kriechende Wacholderarten können auf ausgefallene und gewagte Weise im Garten zur Geltung gebracht werden. Eine wahre Pracht ist die Kreuzung* Juniperus *x* media *'Aurea' zusammen mit dem auffälligen Laubwerk von* Spiraea bumalda *'Gold Flame'.*

Juniperus *x* media *'Aurea'*

Zwergfichten

Wenn nur wenig Platz zur Verfügung steht, sind die kleinwüchsigen Vertreter der Fichtenfamilie zu empfehlen, deren faszinierenden Formen und Strukturen eine Bereicherung für jedes Heide-Koniferen-Beet und jeden Steingarten sind. Die kleine, dichte, konische *Picea glauca albertiana* 'Conica' hat von Natur aus eine so präzise geometrische Wuchsform, dass sie aussieht wie beschnitten. Obwohl sie eine Höhe von 2 m und einen Durchmesser von 1 m erreichen kann, wächst sie so langsam, dass es viele Jahre dauert, bis sie auch nur die Hälfte ihrer endgültigen Größe hat. Typisch für diese Züchtung sind die frischgrünen Frühlingstriebe, die sich gegen den dunkleren, moosgrünen Hintergrund der älteren Nadeln hell absetzen. Bei günstiger Witterung kann die Pflanze im Spätsommer einen zweiten Wachstumsschub machen. Eine neue Züchtung ist die Sorte 'Alberta Blue', die in der Gestalt und den Wachstumseigenschaften *Picea glauca albertiana* 'Conica' sehr ähnlich ist, aber bläuliches Nadelwerk besitzt. Beide Sorten eignen sich gut als Topfpflanzen für den Innenhof oder vorübergehend als Zimmerpflanzen. Achten Sie auf die kompakte Gestalt von *Picea pungens*, von der es mehrere Zuchtformen mit blauen oder blaugrauen Nadeln gibt, ähnlich den großen, besser bekannten Blaufichten. *Picea pungens* 'Prostrata' ist eine kriechende Art mit blauen Nadeln. Ihr großer Vorteil ist, dass sie wenig Schatten spendet. Man kann sie deshalb am Rande eines Heidebeetes unbesorgt anpflanzen, wo sie einen wunderbaren Kontrast zu den Heidegewächsen darstellen. Niedrige, gedrungene „Kugeln", wie *Picea pungens* 'Globosa', eine blaugraue Art, geben eine interessante geometrische und farbliche Note und brauchen nur wenig Platz. Von eindrucksvoller Schönheit, aber nicht leicht zu finden, ist die Sorte *Picea mariana* 'Nana', eine kugelige Pflanze mit dichten blaugrauen Nadeln, die im Sommer blau leuchten. Ihre endgültige Größe beträgt nur 30 cm. Kombinieren Sie sie am besten mit Alpenpflanzen, damit sie nicht überwuchert wird.

***Oben:** Eine sehr gleichmäßige, selbstgeformte architektonische Gestalt hat* Picea abies *'Nidiformis', die aussieht wie ein Vogelnest. Die Art ist oft in der Mitte leicht eingedrückt, was den Namen erklärt.*

Picea abies *'Nidiformis' ist eine tiefgrüne Pflanze, die aussieht als bestünde sie aus einzelnen Lagen, die sich weit ausbreiten. In zehn Jahren wird sie etwa 30 cm hoch und 60 cm breit.*

Links: Picea glauca albertiana *'Conica' war einige Jahre lang eine beliebte Sorte. Obwohl sie extrem langsam wächst, können alte Exemplare mit 2–2,5 m immer noch in die Breite wachsen. Nach zehn Jahren erreicht die Pflanze eine Höhe von etwa 1 m.*

Rechts: *Die kriechende Art* Picea mariana *'Nana' stellt in Farbe und Struktur einen guten Kontrastpunkt in einem Heidebeet dar.*

Picea glauca albertiana *'Conica' entwickelt sich zu einer gleichmäßigen, dichten Pyramide mit hellgrünen neuen Trieben im Frühjahr.*

Picea mariana *'Nana', eine sehr kleine Zwergform, ideal für den Steingarten, hat im Sommer blaue Nadeln. Innerhalb von zehn Jahren wird sie 2 m hoch und weniger als 30 cm breit.*

Picea glauca albertiana *'Alberta Globe' ist eine „Kugel" mit hellgrünen Nadeln. In zehn Jahren wird sie bis zu 60 cm hoch.*

Oben: *Aufwärts strebende Triebe müssen bei kriechenden Blaufichtenarten, z. B. bei dieser* Picea pungens *'Glauca Prostrata', entfernt werden, da sie sich sonst zu einem Baum entwickelt.*

Blaufichten

Die Fichten sind eine große Nadelbaum-Gruppe, zu der auch viele Arten gehören, die für kleinere Gärten geeignet sind. Blaufichten (*Picea-pungens*-Züchtungen wie 'Hoto', 'Koster' und 'Hoopsii') haben zum Teil spektakuläre Farben, die das ganze Jahr über gleich kräftig sind. Einige sind silbrig glänzend oder machen sogar den Eindruck, als seien sie mit Raureif überzogen. Blaufichten wachsen zwar langsam, werden aber im Laufe der Zeit recht groß, so dass besonders in kleinen Gärten der Standort sorgfältig ausgewählt werden sollte. Die eindrucksvollen Exemplare sind ein guter Blickfang in der Mitte des Rasens oder in einem Koniferen-Heide-Beet. Wenn sie für ihren Standort zu groß werden, werden sie am besten gefällt und durch eine neue Pflanze ersetzt. Den Baumstumpf entfernt man. Ein paar Jahre lang kann man Blaufichten auch im Topf kultivieren. Da sie langsam wachsen und zusätzlich im Topf das Wurzelsystem im Wachstum eingeschränkt wird, bleiben sie klein und kompakt. Im Boden würden sie in derselben Zeit größer werden. Blaufichten eignen sich hervorragend als „lebende" Weihnachtsbäume. Einen eingetopften Baum kann man problemlos für zwei Wochen in die Wohnung holen (am besten in einen kühlen Raum). Bevor er wieder ins Freie kommt, sollte man ihn langsam an die Kälte gewöhnen oder man lässt ihn bis zum Frühjahr in einem unbeheizten Gartenhaus und stellt ihn erst dann hinaus in den Garten. Auf diese Weise kann man den Baum mehrere Jahre als Weihnachtsbaum nutzen, bis er zu groß dafür wird. Danach können Sie ihn in den Garten pflanzen und zur Weihnachtszeit mit einer Lichterkette schmücken. Blaufichten gedeihen in fast allen Böden, sofern sie nicht im Sommer ganz austrocknen. Um braune Stellen zu vermeiden, sollten sie nicht in windigen, exponierten Lagen stehen.

Rechts: Picea pungens *'Globosa' ist ein kleiner Baum mit dichten, blassblauen Nadeln, die wie „angefroren" aussehen. Die langsam wachsende, kompakte Blaufichtenart eignet sich sehr gut als Topfpflanze und für kleine Gärten.*

Rechts: Picea pungens *'Hoopsii' ist eine formschöne Blaufichte. Ihre Nadeln wirken wie mit Raureif überzogen. Da er unten breiter wird als beispielsweise die Sorte 'Koster', eignet sich der Baum nicht so gut als Weihnachtsbaum.*

Sogar als junge Topfpflanzen im Gartencenter entwickeln Blaufichten ihre typischen Wuchsformen. *'Hoopsii'* hat die Äste in größerem Abstand als *'Globosa'* und eine eher aufrechte, pyramidenförmige Gestalt.

Picea pungens *'Globosa' wirkt viel gedrungener und dichter als 'Hoopsii'.*

Oben: Picea pungens *'Koster' hat eine sehr symmetrische Form und eine silberblaue Färbung. Sie erreicht in zehn Jahren höchstens 3 m, kann aber größer werden.*

Weihnachtsbäume

Der traditionelle Weihnachtsbaum ist eine Fichtenart aus Norwegen (*Picea abies*), die furchtbar nadelt, selbst wenn man einen „lebenden“ Baum mitsamt den Wurzeln im Topf, statt des üblichen gefällten Baumes verwendet. Die Lieferanten umgehen das Problem vermehrt, indem sie die etwas teureren Nordmanntannen anbieten (*Abies noordmanniana*), die ähnlich aussehen, aber ihre Nadeln besser behalten. Es gibt noch eine ganze Reihe hübscher Christbaumalternativen. Pyramidenförmige Bäume mit großen Abständen zwischen den Astreihen lassen sich wunderbar mit Weihnachtsschmuck behängen, aber auch einige dicht benadelte, kompakte Arten eignen sich gut. Diese werden mit bunten Ketten dekoriert oder man befestigt den Schmuck einfach an der Außenseite. Die heimlichen Favoriten sind die Blaufichten, weil ihre Nadeln eine außergewöhnliche Farbe haben und viele Arten darunter sind, deren silberne Nadeln aussehen, als wären sie mit Raureif überzogen. *Abies koreana*, die Korea-Tanne, mit der lichten Pyramidenform ist gut zu schmücken und manchmal haben schon junge Bäume violette Zapfen. *Picea glauca albertiana* 'Conica', eine kegelförmige, kleine, regelmäßige, kompakte Fichtenart mit dichten Nadeln, eignet sich besonders für kleine Räume. Einen „lebenden“ Weihnachtsbaum im Topf können Sie mehrere Jahre verwenden, bis er zu groß für die Wohnung geworden ist. Danach können Sie ihn in den Garten pflanzen. Bringen Sie Ihren „lebenden“ Christbaum so spät wie möglich ins Haus, stellen Sie ihn in einen kühlen Raum und bringen Sie ihn nach Heilige Drei Könige sofort wieder zurück ins Freie. Da er jetzt an das Innenklima gewöhnt ist, sollte er an einer sehr geschützten Stelle stehen oder besser in einem kalten Gewächshaus wieder langsam abgehärtet werden. Wenn er aus dem Warmen direkt ins Kalte gebracht wird, verliert der Baum unter Umständen die Nadeln oder wird braun, besonders in rauen Gegenden. Im Frühjahr, wenn er zu treiben beginnt, sollte man ihn in frische Erde und einen größeren Topf umpflanzen. Gießen und düngen Sie ihn regelmäßig und versenken Sie ihn mitsamt dem Topf in einer sonnigen Gartenrabatte.

Picea pungens *'Erich Frahm' ist eine beliebte Blaufichtenzüchtung mit einer breiten, konischen Gestalt. In zehn Jahren wird der Baum 2–2,5 m hoch und unten etwa 1 m breit. Er sollte sonnig, geschützt und in leidlich gutem Boden stehen.*

Die gleichmäßige Pyramidenform der Picea glauca albertiana *'Conica' macht diese Art zu einem ungewöhnlichen Weihnachtsbaum. Er erreicht in zehn Jahren eine Höhe von etwa 1 m und einen Durchmesser von 30 cm im unteren Bereich.*

Als „lebender" Baum mit allen Wurzeln verliert Picea orientalis *'Gracilis' keine Nadeln, es sei denn, die Erde trocknet zu stark aus. Der Baum wächst langsam, kann aber eventuell ein recht großer Baum mit 5–6 m Höhe werden. In einem Topf gezogen, bleibt er kompakter.*

Oben: *Der traditionelle Weihnachtsbaum, die Norwegische Fichte, wird als gefällter Baum angeboten. Regelmäßiges Gießen reduziert das Abfallen der Nadeln, aber Sie sollten darauf achten, dass kein Wasser auf die elektrischen Leitungen kommt und lieber die Beleuchtungskette vorher ausstecken.*

Rechts: *Ein „lebender" Christbaum* (Picea abies) *mit Wurzeln kann mehrere Jahre verwendet werden. Man pflanzt ihn einfach immer nach den Weihnachtstagen in den Garten um oder versenkt ihn mitsamt dem Topf in einer Rabatte.*

Miniaturkiefern

Die bizzarre Wuchsform der Miniaturkiefern (mit zunehmendem Alter wird sie noch typischer) und die oft langen, eleganten Nadeln verleihen ihnen außergewöhnlichen Charakter. Häufig gibt es nur einen geringen Vorrat und viele Sorten sind immer schwer zu bekommen, weil sie nur langsam und mit Schwierigkeiten vermehrt werden können. Deshalb sind Miniaturkiefern auch etwas teurer als viele andere Koniferen. Lassen Sie sich welche aus den Katalogen der Baumschulen schicken, die sich auf den Vertrieb von Nadelbäumen spezialisiert haben, oder besuchen Sie einen Nadelbaum-Spezialisten, denn in den Gartencentern gibt es meist nur wenig Auswahl. Miniaturkiefern wachsen in der Regel sehr langsam und bleiben jahrelang kompakt. Sie eignen sich gut als Topfpflanzen für den Innenhof, für Hochbeete und Steingärten. Auch in Rabatten machen sie sich gut, sofern sie nicht von den umliegenden Pflanzen überwuchert werden, denn sie brauchen viel Sonne und Luft. Obwohl sie relativ robust sind, lohnt sich eine sorgfältige Pflege. In einem gut drainierten Boden – mit etwas organischem Material vermischt, damit er nicht zu schnell austrocknet – gedeihen sie gut. Da Miniaturkiefern langsam wachsen und deshalb Schäden in der Form nur langsam ausgeglichen werden, sollten wohlgeformte, gesunde Exemplare immer einen Ehrenplatz bekommen. Achten Sie auf festes Nadelwerk ohne braune oder kahle Stellen und eine schöne Form. Die Pflanze muss nicht unbedingt regelmäßig sein, denn es gibt viele Sorten mit bizzaren Formen. Sie sollten ein attraktives Bäumchen auswählen, denn die ursprüngliche Gestalt verändert sich auch im Alter nicht wesentlich.

Pinus nigra *'Nana' hat dunkelgrüne Nadeln und eine kompakte, rundliche Wuchsform. Sie wird innerhalb von zehn Jahren nur 75 cm hoch.*

Pinus sylvestris *'Watereri' hat aufwärts gerichtete Äste und bläuliche Nadeln. In zehn Jahren wird er 1,2 m hoch.*

Pinus mugo *'Winter Gold' erreicht in zehn Jahren jeweils etwa 1 m Höhe und Breite.*

Links: Pinus mugo *'Winter Gold', ein langsam wachsender, dichter Busch, hat Triebe mit goldenen Spitzen, die zum Teil auch im Winter hell leuchten.*

Rechts: *(Von links nach rechts)* Pinus leucodermis *'Satellit', eine aufrechte Pflanze, erreicht in zehn Jahren eine Höhe von 1,5 m; die dunkelgrüne, pyramidenförmige* Pinus parviflora *'Negishi' ebenfalls.* Pinus pumila *'Globe' wird in zehn Jahren nur 60 cm groß. Der Zwergbusch mit den blaugrauen Nadeln eignet sich für den Steingarten.*

Pinus leucodermis *'Compact Gem' ist pyramidenförmig und wird in zehn Jahren je 1 m hoch und breit.*

Pinus mugo *'Gnom', eine kompakte, kuppelförmige Kiefer, erreicht in zehn Jahren einen Durchmesser von 60 cm. Die ideale Steingartenart bekommt schon in jungen Jahren Zapfen.*

Pinus mugo *'Humpy', noch eine Art, die sehr klein bleibt und für den Steingarten geeignet ist, wird in zehn Jahren nur 75 cm groß.*

Besondere Kiefern

Die Kieferngewächse sind eine große Pflanzenfamilie, zu der einige außergewöhnlich geformte Arten gehören. Unter den größeren Arten gibt es mehrere, die als stattliche Einzelexemplare die Attraktivität von Koniferen-Heide-Beeten, Rasenflächen und Gärten im Mittelmeerstil erhöhen. Für kleinere Gärten sollten Sie sehr langsam wachsende Arten auswählen, wie die extrem langlebige Grannenkiefer (*Pinus aristata*) oder *Pinus coulteri*, die von allen Nadelbaumarten die größten Zapfen hat. Beide können viele Jahre in normalen Gärten gehalten werden, bevor sie zu groß werden. In Töpfen kultiviert, wachsen exotische Kiefernarten, wie *Pinus patula* und *Pinus montezumae*, bizzare und verhältnismäßig empfindliche Bäume, langsamer und bleiben kleiner. Ihre sehr langen Nadeln sind ein unverkennbares Merkmal. Beide stammen aus Mexiko und sind auch in den mildesten Gegenden nicht winterhart. Am besten hält man sie als Topfpflanzen im Sommer im Innenhof und holt sie zum Überwintern ins Haus. In sehr exponierten Lagen oder an der Küste schränken steinige oder sandige Böden und strenger Wind das Wachstum der wohlgestalteten, aber rauen Arten *Pinus radiata*, *Pinus thunbergii* und *Pinus nigra* 'Maritima' ein. Sie können einzeln oder in Reihen als Windschutzhecke gepflanzt werden. Eine weitere Art, die heiße Sommer und magere, trockene Böden verträgt, ist die Pinie (*Pinus pinea*). Wo ein schöner Einzelbaum benötigt wird, aber der Platz knapp ist, kann man auch die winterharten Arten in Töpfen halten und die Wurzeln jährlich beschneiden. Im Sommer müssen sie regelmäßig gegossen werden, damit sie nicht austrocknen. Kiefern werden auch gerne für die Herstellung von Bonsai-Bäumen verwendet.

Oben: Pinus radiata *ergibt in Reihe gepflanzt eine Windschutzhecke, die sich in Küstenregionen gegen die salzhaltigen Winde gut behaupten kann.*

Unten: Pinus pinea *ist regelrecht schirmförmig. Die Art eignet sich gut für warme, trockene, sandige Gegenden, gedeiht aber trotz ihrer Herkunft aus warmen Regionen auch in kühlerem Klima recht gut.*

Pinienkerne

*Pinienkerne sind die essbaren Samen aus den reifen Zapfen der Nusskiefer (*Pinus pinca*). Die Kerne sind wachsweich und leicht nussig im Geschmack.*

Es gibt viele namhafte Züchtungen der Schwarzkiefer, einer sehr rauen Art, die auch in windigen Küstenregionen und auf Kalkböden gut gedeiht. Diese hier ist Pinus nigra *'Bright Eyes'.*

Links: Pinus sylvestris *'Moseri' ist eine der kompakt geformten Schottischen Kiefern. Die dichte, regelmäßige Pflanze ist für den durchschnittlichen Garten nicht zu groß. Im Gegensatz zu vielen größeren Arten, bleibt der Stamm immer verdeckt.*

Pinus sylvestris *'Moseri': Es gibt mehrere Züchtungen, die wesentlich kompakter sind als die Schottische Kiefer, von der sie abstammen.*

Unten: Pinus aristata, *die Grannenkiefer, ist in jedem Fall ihr Geld wert – sie gehört zu den langlebigsten Bäumen der Welt. Über 2000 Jahre alte Exemplare gibt es in den Südstaaten der USA.*

Eibenhecken

Die Eibe (*Taxus baccata*) hat Tradition in Kirchhöfen und aus ihrem biegsamen Holz wurden früher Langbögen gemacht. Seit Jahrhunderten ist sie als langlebige Heckenpflanze beliebt und wird für Pflanzenornamente verwendet. (Die älteste Eibe soll 4000 Jahre alt sein.) Häufig findet man Eibenhecken als Einfassung von Blumenbeeten vor öffentlichen Gebäuden, aber auch als Bäume werden sie gezogen. Zu große oder vernachlässigte Eibenhecken kann man kräftiger beschneiden als irgendeine andere Pflanzenart. Eine alte Hecke kann verjüngt werden, indem man sie im Frühsommer bis auf die Stämme zurückschneidet. Es ist am besten, zuerst nur die eine Seite der Hecke zu stutzen. Die andere Seite kommt ein paar Jahre später an die Reihe, wenn die zuerst geschnittene schon wieder gut verwachsen ist. Eiben eignen sich auch für die Herstellung großer Pflanzenornamente, die im Inneren von einem Rahmen gestützt werden müssen. Schwere Eisengestelle werden traditionell dafür verwendet. Kleinere Schmuckformen halten ohne Fremdeinwirkung oder mit Hilfe eines leichten Drahtgeflechtes. Untypisch für Nadelbäume lassen sich Eiben leicht durch Stecklinge vermehren, die preiswerteste Art, eine neue Hecke zu ziehen. Wenn die Stecklinge eingewurzelt sind, müssen sie regelmäßig zurückgeschnitten werden, damit sich eng verzweigte Pflanzen entwickeln. Dies ist wichtig für eine lückenlose Hecke. Die Büsche sollten bis unten dicht sein und man darf den Stamm nicht sehen. Eibenhecken werden meist trapezförmig geschnitten – leicht abgeschrägt an beiden Seiten. Das gesamte Regenwasser kann zu den Wurzeln durchdringen, weil die Hecke nicht überhängt und das Wasser ableitet. Im Winter kann der Schnee von der Hecke rutschen, statt sich aufzutürmen bis die Hecke unter dem Gewicht aus der Form gerät. Obwohl Eiben langsam wachsen, dauert es nicht so lange, wie Sie vielleicht befürchten, bis eine Hecke entsteht. Junge Pflanzen wachsen viel schneller als alte. Zweimal im Jahr – im Früh- und Spätsommer – geschnitten, bleibt sie gut aussehend und pflegeleicht.

Giftige Beeren

Blätter und Samenkörner der Eibe sind giftig, das Fruchtfleisch dagegen nicht. Das erklärt, warum Vögel die Beeren fressen können. Es wird nur das Fruchtfleisch verdaut und die Samen passieren unbeschädigt den Darm. Vieh und Menschen dagegen können leicht vergiftet werden. Deshalb werden Eibenhecken trotz ihrer Robustheit nicht auf offenem Feld, sondern im heimischen Garten angepflanzt.

Rechts: *Eibenhecken sind vielseitig. Man muss sie nicht in gerader Linie entlang der Gartengrenze pflanzen, sondern kann sie auch als geschwungenes Element zwischen Rabatten einsetzen.*

Oben: *Als Pflanzenornamente lassen sich Eiben wirkungsvoll gestalten. Das Kunstwerk muss zweimal im Jahr geschnitten werden, um die Form zu erhalten.*

Eiben-Stecklinge

Die Stecklinge werden im Frühherbst gesetzt und in einem unbeheizten Gewächshaus überwintert. Im späten Frühjahr werden sie ins Freie und im Sommer an einen kühlen, schattigen Ort gestellt.

1 15–20 cm lang werden die Triebspitzen abgeschnitten und die Knospen entfernt. Die Pflanzerde sollte 25 % Kies enthalten.

2 Im Sommer, wenn sich viele Wurzeln gebildet haben, beginnt man mit dem Düngen.

3 Im Spätsommer schneidet man die Zweige auf 2,5–5 cm zurück. So werden Seitenverzweigungen gefördert.

4 Nach zwei Jahren kann man den kräftigen Busch in eine Hecke pflanzen oder zu einem Pflanzenornament formen.

Links: *Ein traditioneller Bauerngarten mit Blumenbeeten, die von Eibenhecken eingefasst sind. Zwischen der Rabatte und der Hecke sollte ein Streifen frei bleiben, damit man zum Schneiden der Eiben ausreichend Platz hat.*

Besondere Eiben

Obwohl Eiben normalerweise für Hecken oder als Pflanzenornamente verwendet werden, gibt es einige Arten mit ungewöhnlichen, gestreckten, architektonischen Formen, die wunderschöne Einzelexemplare abgeben. Sie sollten genügend Platz im Garten haben oder dazu verwendet werden, um am Eingang, an einem Bogen oder auf dem Weg zur Haustür Akzente zu setzen. Im Gegensatz zu den meisten Nadelbäumen vertragen Eiben magere Kreideböden (auch Wacholder gedeiht darauf), die allerdings gut drainiert sein müssen. Sogar mit leichtem Schatten kommen sie zurecht, obwohl goldene und farbige Züchtungen mehr Licht benötigen. Schlanke, aufrechte Bäumchen sind die bekanntesten, der einzeln wachsenden Eibenarten. Die Irische Eibe (*Taxus baccata*) gehört dazu, sie ist eine von Natur aus große, schlanke, dunkelgrüne Säule, deren auffällige, goldene Zuchtformen im Volksmund als Goldene Eibe bekannt sind. Die dichten Säulen in Gold und Hellgrün entstehen durch die leichten Farbunterschiede zwischen alten und jungen Nadeln. Aufrechte Eibenarten können überall eingesetzt werden, wo eine strenge, gerade Form angebracht ist. Besonders hübsch wirken sie in Doppelreihen, gepflanzt als „Eibenallee“, die auf einen Gartenbereich zuführt.

Zuchtformen von *Taxus baccata* 'Dovastoniana' sind nicht so bekannt und haben eine ganz andere Gestalt. Als junge Pflanzen sind es aufrechte Büsche, deren Astreihen wippende Spitzen haben. Mit dem Alter verlieren sie ihre Spannung und werden weit ausladende, buschige Pflanzen. Ihre auffällige Gestalt eignet sich gut für markante Stellen im Garten, es gibt grüne und goldene Sorten. Wie alle Eiben können auch die hier erwähnten Arten geschnitten werden, so dass es für zu große Exemplare keine Gnade gibt. Allerdings sind sie zu teuer, um zu Ornamentmustern geformt zu werden, zumal sich normale Eiben hervorragend dafür eignen.

Oben: *Entfernt man bei der jungen Pflanze den aufrechten Haupttrieb, entwickelt sich aus* Taxus baccata *'Dovastonii Aurea' eine Polsterpflanze, die schön zu Heidekraut und unauffällig geformten Nadelbäumen passt.*

Um die Pflanze niedrig zu halten, müssen alle aufwärts strebenden Triebe entfernt werden.

Taxus baccata *'Dovastoniana' wächst als junger Baum aufrecht und hat elegant überhängende Äste, während er im Alter eine weit ausladende, buschige Form annimmt.*

Taxus baccata *'Fastigiata Robusta' wird, wie auch 'Aureomarginata', in zehn Jahren etwa 2 m hoch. Als Einzelbäume eignen sich diese Arten sehr gut. Genauso wie die Heckeneiben vertragen sie leichten Schatten.*

Taxus baccata *'Fastigiata Aureomarginata': Hier sind die Spitzen der dunkelgrünen Triebe gelb und verleihen der Pflanze von weitem betrachtet einen goldenen Schimmer. Die Beeren der Eiben sind giftig, aber dies ist eine männliche Züchtung, die keine Früchte bekommt. Sie ist für Gärten, die Kindern und Haustieren zugänglich sind, zu empfehlen.*

Taxus baccata *'Standishii' wächst sehr langsam und ist ideal für kleine Gärten und Blumenschalen. Goldene Eibenarten brauchen für die vollständige Entwicklung ihrer Farbe viel Sonne.*

Schnitt und Form

Alle Eibenarten kann man schneiden und gestalten. Die hier gezeigten Sorten haben eine gestreckte Form und eignen sich auch als Einzelexemplare. Mit einem formgebenden Draht oder Schnitt kann die Gestalt noch betont werden.

1 Indem man grünen Blumendraht locker um die Hauptäste wickelt, lässt sich eine exakte Säule gestalten.

2 Eine klare Außenseite erhält man durch den Schnitt. Außerdem fördert dies die Entwicklung von kräftigen Seitentrieben.

Unten: Taxus baccata *'Standishii' wirkt parallel zu einem Weg oder – wie hier zu sehen – vor einem Fenster besonders passend.*

Lebensbaumhecken

Zur Gattung Thuja, bekannter unter dem romantisch klingenden Namen Lebensbaum, gehören zwei Arten – *Thuja occidentalis* und *Thuja plicata* –, die gewöhnlich für Hecken verwendet werden. Beide sind besser für die Hecken in kleinen Gärten geeignet als schnell wachsende Nadelbäume wie die Leyland-Zypresse (*Cupressocyparis leylandii*). Da Lebensbäume nicht übermäßig groß werden, muss eine Hecke nicht so oft geschnitten werden, um eine angenehme Größe zu behalten. Auch an einem vorzüglichen Standort brauchen Lebensbäume länger, um die erforderliche Höhe zu erreichen. *Thuja plicata* und *T. occidentalis* sind unkomplizierte grüne Nadelbäume, die preiswert und in großen Mengen für Hecken angeboten werden. Nehmen Sie *Thuja plicata* für eine große Hecke und *Thuja occidentalis*, wenn die Hecke nicht höher als 2 m werden soll. Möchten Sie jedoch eine außergewöhnliche Hecke haben, sollten Sie auf die verschiedenen Zuchtformen zurückgreifen. Diese sind etwas teurer als die Heckenarten. Zum Beispiel wirkt die farbige, kompakte Sorte 'Rheingold', in Reihe gepflanzt und unbeschnitten, wie eine natürlich gewellte Hecke, die durch den Wind geformt wurde. Kompakte Züchtungen sollten Sie wählen, wenn Sie eine niedrige, pflegeleichte Hecke haben möchten, z. B. *Thuja plicata* 'Rogersii' wird in zehn Jahren 3 m hoch. Vor dem Anlegen der Hecke lohnt es sich, den Boden zu verbessern, denn danach ist es nicht mehr möglich. Heben Sie einen tiefen Graben aus und mischen Sie viel gut verrottetes, organisches Material und Düngegranulat in die Erde, die um die Wurzelballen verteilt wird. Die Bäumchen werden im Abstand von 60 cm gesetzt und kräftig gegossen. Jedes Frühjahr wird gedüngt und eine 2,5 cm dicke Mulchschicht aus gut verrottetem, organischem Material auf den feuchten Boden ausgebracht. Schneiden Sie schon die jungen Pflanzen, denn die Äste verzweigen sich dadurch stärker und die Hecke wird dichter. Zweimal im Jahr, im Früh- und Spätsommer, sollte ein Schnitt erfolgen. So bleibt die Hecke mit geringem Aufwand immer ordentlich.

Nadelbaumhecken

Wählen Sie Pflanzen, die sehr ähnlich aussehen. Nehmen Sie keine missgestalteten Pflanzen mit braunen Stellen. Kümmerliche Exemplare wachsen langsamer und hinterlassen Lücken in der Hecke, die neue Pflanzen erst nach und nach ausfüllen können.

Diese Thuja plicata *'Rogersii' ist oben abgestorben und hat die Form verloren.*

Ein wohlgeformtes Exemplar mit frischen, gesunden Nadeln.

Links: *Die „Schießscharten", die in die Lebensbaumhecke geschnitten wurden, sind interessante Details. Sie verwandeln eine einfache, zweckmäßige Hecke in ein dekoratives Kunstwerk.*

Rechts: Thuja plicata *eignet sich hervorragend für immergrüne Hecken, die sich gut schneiden lassen. Die kunstvoll gestaltete Hecke wurde gepflanzt, um die Aufmerksamkeit auf den kleinen Vorgarten zu lenken.*

Die „Fenster" in dieser Thuja-Hecke opfern nur ein kleines Stückchen von der Privatsphäre, lassen dafür aber viel Licht in den Garten. Außerdem behält die Hecke trotzdem ihre Schutzfunktion gegen Eindringlinge.

Thuja occidentalis *'Smaragd'*

Thuja plicata *'Zebrina'*

Thuja occidentalis *'Holmstrupii'*

Links: *Eine Hecke aus Thuja-Züchtungen mit besonderen Nadeln wirkt zwar interessanter, ist aber auch teurer. Wenn Sie kleinwüchsige Sorten auswählen, lässt sich die Hecke leicht in der endgültigen Größe halten und macht nicht so viel Arbeit beim Schneiden.*

Lebensbäume für den Steingarten

Auf den ersten Blick kann man Lebensbäume leicht mit Scheinzypressen (*Chamaecyparis*) verwechseln. Beide sind ähnlich in der Form und haben abgeflachte, fächerförmige Zweige mit drahtigen Stängeln, die mit festen, spitzen, schuppenartig angeordneten Nadeln besetzt sind. Man kann sie aber unterscheiden, wenn man je eine Handvoll Nadeln zwischen den Fingern zerreibt, denn die Lebensbäume duften aromatisch. Viele attraktive Arten, die sich besonders für kleine bis mittelgroße Gärten eignen, gibt es unter den Lebensbäumen. Einige sind ideal für große Steingärten oder gut drainierte Rabatten mit anderen Pflanzen. Die kleinste Thuja-Art wird in zehn Jahren etwa 60–90 cm groß und hat eine interessante Form, Farbe und Nadelstruktur. Der kräftige Wuchs der kompakten Pflanzen erlaubt es, sie ohne Bedenken in einen Teppich aus Heidekraut oder Bodendeckern zu pflanzen, ohne dass sie überwuchert werden. Zahlreiche bekannte Sorten bekommt man in einer breiten Auswahl von Formen, nur nicht als schlanke, aufrechte Säulen. Es gibt Sorten mit flachen, in Fächern angeordneten Zweigen und gleichmäßiger, kuppelförmiger Gestalt, wie *Thuja orientalis* 'Aurea Nana', und solche mit lockerer Pyramidenform und fedrigem Nadelwerk, wie *Thuja occidentalis* 'Rheingold'. Lebensbäume sind leicht zu kultivieren. Sie gedeihen in fast allen Böden, vorausgesetzt diese sind gut drainiert, denn die Pflanzen vertragen keine Staunässe. Leichter Schatten macht ihnen nichts aus, allerdings sollten Arten mit farbigem Nadelwerk auf jeden Fall in voller Sonne stehen, da sonst die Farbe verblasst.

Thuja occidentalis *'Sunkist' ist eine neuere Züchtung mit goldenen Spitzen an den grünen Zweigen.*

Thuja occidentalis *'Danica' ist eine dichte, kugelförmige Pflanze mit flachen, aufrechten Nadelfächern.*

Links: *Wenn sie in offenem, sonnigen Gelände wächst, entwickelt* Thuja occidentalis *'Rheingold' ihre typische Farbe – eine Schattierung zwischen fuchsrot und kastanienbraun.*

Thuja occidentalis *'Rheingold' ist eine breite, buschige Pflanze mit lockerem, fedrigem Nadelwerk. Die rotgoldene Färbung lässt das Bäumchen wie einen Bernstein aussehen.*

Thuja orientalis *'Aurea Nana' ist eine kompakte, dichte, buschige Pflanze. Sie wirkt wie eine stachelige Kugel mit aufrechten Fächern aus goldenen Nadeln.*

Rechts: Thuja orientalis *'Aurea Nana' zählt zu den apartesten Zwergnadelbäumen. Der niedrige Busch ist aus Reihen überlappender Nadelfächer aufgebaut.*

Register

Fettgedruckte Seitenzahlen verweisen auf die Hauptstellen im Text. Hinweise auf Bildüberschriften und -kommentare sind in *Kursivdruck* angegeben. Alle anderen Textverweise sind mit normal gedruckten Zahlen markiert.

Bildnachweis

Die meisten Fotografien stammen von Neil Sutherland und sind urheberrechtlich geschützt.
Einige Abbildungen haben die folgenden Fotografen freundlicherweise zur Verfügung gestellt;
Seitenzahl und Position sind mit (u) unten, (o) oben, (M) Mitte, (ul) unten links usw. gekennzeichnet.

Bruce Coleman: 82 (uM, Jeremy Grayson)
Eric Crichton: 1, 13 (r), 46 (or), 52 (o), 53 (r), 54 (ul), 57 (M, ur), 63 (ul), 64 (or), 65 (oM), 67 (M, ur), 68 (or), 69 (ol, or), 70 (or), 71 (oM, or), 73 (ol, ur), 75 (o), 77 (ur), 78 (or), 81 (oM, uM), 82–83 (oM), 83 (ul), 84 (or), 85 (ur), 89 (r)
John Feltwell, Garden Matters: 80 (uM)
Garden Picture Library: 10 (Brigitte Thomas), 62 (or, Neil Holmes), 63 (r, Brian Carter), 72 (or, Jerry Pavia), 74 (J. S. Sira), 82 (ur, Marijke Heuff, Fotografie; M. van Bennekorn, Design), 86 (u, Guy Bouchet), 99 (or, Howard Rice)
John Glover: 8, 25 (ur), 26 (o), 27 (oM), 45 (oM), 46 (ol), 47 (o), 56 (or), 58 (or), 62 (ur), 65 (or)
Holt Studios/Nigel Cattlin: 20 (ur), 21 (uM)
S & O Mathews: 44 (ol, or), 55 (l, or), 62 (ul), 73 (or)
Clive Nichols: 23 (r, Chiffchaffs, Dorset), 24 (o, Graham Strong), 43 (ol, Yew Tree Cottage, Sussex), 75 (ul, Greenhurst Garden, Sussex)
Photos Horticultural: 45 (ul), 53 (ol), 57 (or), 59 (oM, or), 66 (or), 80 (or), 87 (o).

Danksagung

Die Herausgeber danken folgenden Einrichtungen und Organisationen für ihre Unterstützung bei der Entstehung dieses Buches:

Bridgemere Garden World, Nantwich, Cheshire;
Court Lane Nursery, Hadlow College, Kent;
Hillier nurseries (Winchester) Ltd., Romsey, Hampshire;
Murrells Nursery, Pulborough, West Sussex.